カントは今、
ロシアに生きる

カントの碑銘

わが上なる星の輝く空と わが内なる道徳法則【実践理性批判】結語

板生 郁衣

ロシアカント協会会長
L.A.カリニコフ

共 著

ロシア領カリーニングラード　カリーニングラード州は、岩手県とほぼ同じ面積、人口100万人、その半数が州都カリーニングラードに住む

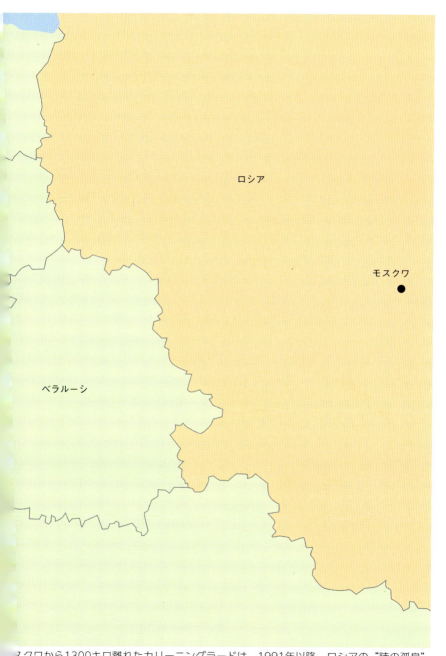

スクワから1300キロ離れたカリーニングラードは、1991年以降、ロシアの"陸の孤島"になっている

18世紀のカントの頃のケーニヒスベルク市街

ケーニヒスベルクの7つの橋

① 商人橋
② 鍛工橋
③ 木材橋
④ 養蜂橋
⑤ 砥石橋
⑥ 内臓橋
⑦ 翠橋

大聖堂の正面

カントの洗礼盤
アルゼンチンの哲学者（右）と
カリニコフ先生

大聖堂　奥の塔の2〜3Fがカント博物館

陸橋から眺めるプレーゲル河　左手に大聖堂が見える

1880年に、カントの遺骸が掘り起こされた。なんと真っ先に頭が出てきた！

現在のカリーニングラードの航空写真＊

大聖堂の北に隣接する神殿風のカント霊廟

カント霊廟にて　カリニコフ先生と著者

1898年のケーニヒスベルク大学＊

1994年9月
カリーニングラード大学の学生さんたちと

カリーニングラード大学の本館
現在はイマニュエル・カント・バルト
連邦大学と称する

I. カント・バルト連邦大学　大学院生、
教授たちとミーティングをした（2015年
10月）

＜カント賞＞
スピーチコンテストの優勝者に
与えられるメダル

哲学科の学生さんたちの手によるカント
像（大学ロビーの真ん中にある）

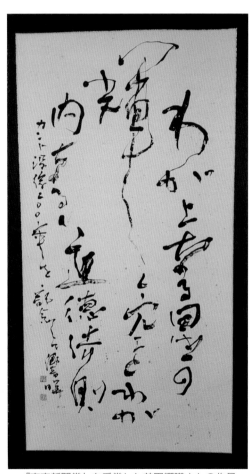

『東京新聞賞』を受賞した前田響嘩さんの作品

カントのおしゃれな外出着とステッキ
小柄だったようだ。

1804年2月、カント死す
国葬には市民の列が途切れな
かった（絵画）

2004年カント没後200年　日本から寄贈
した掛け軸
寄贈者と揮筆者の名前が展示されていて
サプライズ！（ロシア語で経緯が書かれ
ていた）

「わが上なる星の輝く空と
わが内なる道徳法則」の掛
け軸
（『実践理性批判』の結語）

カリニコフ先生　カント博物館で2週に
一度、市民向けにカントのレクチャーを
する

カントがしばしば滞在したシュレッター邸のダーチャ（左）と大きな厩舎（馬100頭は入りそう！）

ラリッサさんとカリニコフ家の別荘　家族総出で造った2階建て

カリニコフ家のダーチャで、キイチゴを摘むカリニコフ先生

いよいよカリニコフ家のダーチャで採れた食材で夕食　乾杯！

孫のデュマ（右）とチェスをするカリニコフ先生

カリニコフ家のダーチャ　ネコ、青い花、キュウリ、ビーツ、ジャガイモ、ベリー類、ハーブ類でいっぱい！

12

母国の像
「カリーニングラード州は、母なるロシアの娘である」

ロシア正教会の教会（左）と
チャペル（右）

琥珀に閉じ込められた虫や草花

旧ソ連時代からの国営のアパート群が
1991年以降、払い下げになった

動物園の出口近くのベンチにはカントの「定言命法」がロシア語で表記されている

カリーニングラード動物園のシンボルのカバ

バルト海を臨む

ロシア式ファストフードの店でカリニコフ先生も列に並ぶ

ファストフードは、コクがあって美味！

ラウシャン地区のシンボル塔の見事な紅葉

アルベルティナ・ゲストハウス
こぢんまりとした博物館のようだった

ピロシキの1つ。サイズによって、呼び名が変わる。これは、主食のピローク

ナターシャ夫人の手作りのロシアの家庭料理。デザートの大きなピロジョク

シャルウォトカ

ボルシチ、ポテトサラダ

ペリメニ

15

街中の近代的なビルの壁にカントのレリーフが見られる。ロシア語と独語の表記があった

街中のカントの銘句の像はカリニコフ先生たちの尽力で実現している

カントのレリーフのあるビルの裏手がカントの生家跡。今は小さな草むらになっている

まえがき

　哲学者カントの故郷ドイツ領ケーニヒスベルクは、第二次世界大戦後、ソ連領カリーニングラードとなった。そして、ソ連崩壊までの半世紀の間、「閉鎖都市」を宣言し、外部との交渉を断った。1991年に新政ロシアが誕生するや、バルト三国（エストニア、ラトビア、リトアニア）が独立したため、カリーニングラードは、母国ロシアから切り離された"陸の孤島"と化して、今日に至っている。そのような環境にあって、カリーニングラードの市民は、カントとその時代の文化に親しんでいっているという。

　1994年に初めて訪れたカリーニングラード。そこでお会いした、カリーニングラード大学教授・ロシアカント協会会長のカリニコフ先生との20年余りの交流をとおして、たびたび頂いた小論で、カント哲学が実際に生きた哲学であることを知らされた。他方、難解なカント哲学がどのように市民に馴染んでいったのか。疑念が湧くばかりだった。よし、それなら自分の目と足で確かめてこようと思った。

　2015年10月、モスクワから西へ1300キロ離れたカリーニングラードを再訪した。現地での１週間、カリニコフ先生と子息ミーシャの案内のもと、カントの足跡を丹念に廻った。そして、カントは確かにカリーニングラードの街と市民に溶け込んでいる、と肌身で感じた。さらに、その地の下に眠る700余年続いたケーニヒスベルクの文化を掘り起こして、自国の文化に根付かせたいと、半世紀の間、ある時は命がけで、実践し続けてきた人、それはまさに、カリニコフ先生だった！　机上の小論では分からなかった。実際に現地に行って街中を歩いて、初めて分かったことである。

第一章は、カントの80年の足跡を訪ね歩いた記録である。写真とともに、街中にカント哲学の片鱗を感じ取っていただけると幸いである。旅好きな人には、実用的な書になるかもしれない。
　第二章は、カリニコフ先生の英文による3件の小論を、板生郁衣が和訳したものである。
　1．と2．は、ソ連時代のカント哲学に対する処遇が、新政ロシアになってどのように変わったか、カリニコフ先生自身の体験を通して、具体的に知ることができる。
　3．は、現在の私たちの世界情勢を見事に言い当てていよう。
　第二章　4．は、1999年5月に来日して開催されたカリニコフ先生の講演「カントと21世紀」を聴講した東京大学大学院生4名が作成した45頁にわたるレポートの要約である。定言命法の弱点を指摘したり、カント哲学が21世紀に生きる意義を発見してくれたことは、理系の若い人たちだけに、たいへんうれしく、貴重な機会となった。

　資料として、カリニコフ先生の原文を添付したので参照されたい。
　なお、第一章の多くは、科学技術情報誌『Nature Interface』(『ネイチャーインタフェイス』2001年1月創刊 NPO法人WIN発行)のコラム「NIclub」に連載した記事と重なることをお断りしておきたい。

ロシア革命100周年に寄せて
2017年春　　板生　郁衣

哲学ルポ　カントは今、ロシアに生きる

目　次

大聖堂の正面

まえがき
第一章　カントに恋して ……………………………… 7
　1．カントとケーニヒスベルク ………………………… 8
　2．大聖堂 ……………………………………………… 11
　3．ケーニヒスベルク大学　そして今は …………… 17
　4．カント博物館 ……………………………………… 25
　5．カント先生のお出かけ …………………………… 30
　　　　ザトゥールグス邸 ……………………………… 31
　　　　ダーチャ ………………………………………… 32
　　　　散歩道 …………………………………………… 38
　6．カリーニングラード散策 ………………………… 40
　　　　琥珀博物館 ……………………………………… 43
　　　　植物園 …………………………………………… 44
　　　　動物園 …………………………………………… 44
　　　　バルト海とロシア式ファストフード ………… 48
　　　　フリードラント地方の遺跡 …………………… 53
　　　　アルベルティナ・ゲストハウス ……………… 53
　　　　ロシアの家庭料理 ……………………………… 59
　7．カントの伝道師 …………………………………… 65

2015年10月カント霊廟にて
カリニコフ先生と著者

第二章　カントは今、ロシアに生きる……………… 67
　　１．カリーニングラードにおけるカント ……………… 73
　　２．「1974年以降のカリーニングラードにおける
　　　　カントとケーニヒスベルク文化」(要旨) ……… 100
　　３．カントと21世紀 …………………………………… 111
　　４．東京大学講義における学生の意見 ……………… 122

資料　カリニコフ教授の原文 ………………………… 131
　　１．Kant in Kaliningrad ……………………………… 132
　　２．Kant and the Königsberg culture in
　　　　Kaliningrad after 1974 ………………………… 146
　　３．KANT AND THE XXIST CENTURY ………… 164

あとがき …………………………………………………… 168

＊口絵 P. 7　現在のカリーニングラードの航空写真
＊口絵. P 9、本文 P. 18　1898年のケーニヒスベルク大学（城の観兵場に建つ）
上記の写真は "KÖNIGSBERG"（HUSUM, 2000）より出典

第一章　カントに恋して

カントのサロン風景
いつもミューズ（音楽の神）にちなんで9名で！　左端は下男のランペ

1. カントとケーニヒスベルク

　1724年4月22日、哲学者カント（Immanuel Kant）は、ドイツ領東プロイセンの中心都市ケーニヒスベルクで生まれた。現在のロシア領カリーニングラードである。
　東プロイセンは、紀元前から異教徒バルト族の地だったが、1255年にキリスト教の一派のドイツ騎士団に制覇されて滅んだ。騎士団は高台に城を築き、敬愛するボヘミア王オットカール2世（註1）を記念して、ケーニヒスベルク（王の山：独Königsberg）城と命名した。城は方陣形をした要塞であり、中庭は観兵場になっていた。城の周辺に、アルトシュタット、レーベニヒト、クナイプホーフの3つの地区が生まれたが、やがて競合や敵対関係が生じてきた。1724年、3つの地区は統合されて、ケーニヒスベルクとなった。カントとケーニヒスベルクは、同年生まれなのである。

　18世紀のケーニヒスベルクは、「軍人王」で知られたフリードリヒ・ウィルヘルム1世の治世の下、市民5万人に軍人8000人もが配備された軍事都市だった。街中を流れるプレーゲル河がバルト海にそそぐ河口は、冬でも不凍港の地の利を得て、商人たちはハンザ同盟（註2）を結成するなど、東西ヨーロッパの交通の要衝となった。ユダヤ人やオランダ人など多くの外国人がやってきて貿易や商業が発展して、ケーニヒスベルクは、ベルリンに次ぐ国内第二の都市となった。
　ケーニヒスベルクについて、カントは誇らしく記している。「国の諸々の機関があり、大学があり、海外貿易の中心的な位置を占め、プレーゲル河の上流からやってくる様々な言語や風習をもつ外国人との交易に便利な都市ケーニヒスベルクは、世間知や人間知を拡張するのにふさわしい場所であ

ケーニヒスベルク城（於アルベルティナ・ゲストハウスのタペストリーの絵）

カント在世の頃のケーニヒスベルクの街（模型）

る。ここにいれば、旅行などしなくてもこれらの知識が得られる。」（註３）と。実際、カントは80年の生涯をとおして、一度もケーニヒスベルクを離れたことはなかった。

　ところで、14世紀に造られた「ケーニヒスベルクの７つの橋」は、いまもクナイプホーフ島に架かる橋として健在だが、一筆書きの問題で有名である。これら７つの橋すべてを、同じ橋を二度通ることなく、１回で廻り切れるかどうかの問題に、世界の多くの数学者がチャレンジしたというエピソードは、1736年、スイスの数学者オイラー（註４）がグラフ理論を用いて「ノー」の解答をして決着したと伝わる。一方、この問題は、フランスの数学者フェルマー（註５）が1637年に発案したということは、案外知られていない。しかも、オイラーにしても、レニングラード（現サンクトペテルブルグ）に向かう途中でケーニヒスベルクに立ち寄って解答したのは1753年、とカリーニングラードには伝わる。歴史は不思議だ！カントは８歳のときから、翠橋を渡ってフリードリヒ学院に通学したが、頭脳明晰な少年のこと、ひょっとするとケーニヒスベルクの橋の問題を楽しんでいたかもしれない。
　ちなみに、それぞれの橋には名前がついている。地図上の番号順に、①商人橋　②鍛工橋　③木材橋　④養蜂橋　⑤砥石橋　⑥内臓橋　そして⑦翠橋という具合。実は、⑥のKöttelの単語が手元のドイツ語の辞書に見つからず、カリニ

カリニコフ先生夫妻（於翠橋）　　　　　　翠橋から眺める商人の館

コフ先生に質問した。動物の内臓（臓物）の意味だそうで、英語ではPluck Bridgeとか。「dungの一歩手前の状態」とも教えてくださって、英語の辞書を引くと、「牛馬のふん」の一歩手前かと知って、なんだか可笑しくなった。内臓橋の上では、牛や豚の臓物を生のまま、あるいは牛の骨つきや豚の腸を用いたパイを低価格で売っていたそうだ。橋の東側に、動物の取引所があったというから、何とも生々しい光景が浮かぶが、それぞれの橋の上でそれぞれの商売が繰り広げられて、さぞ大勢の客で賑わったことだろう。今ではそのような形跡はまったくないが、翠橋から眺める河沿いの家々は、ケーニヒスベルク時代の商人の館を再現していて、美しく落ち着いた佇まいである。夜景はいっそう美しかった。

註１．在位1253年〜1278年
註２．13世紀から近世にかけて、ドイツの商人が海上交通の安全や商権の拡張を目指して結成した都市同盟
註３．『人間学』(1798)（文中に註がないのは、同出典による）
註４．Leonhard Euler: 1707〜1783
註５．Pierre de Fermat: 1601〜1665

翠橋から眺める夜景

2．大聖堂

　1324年創設のキリスト教プロテスタント系のケーニヒスベルク大聖堂（独Königsberger Dom）。1724年、カントの人生は、ここから始まり、80年後にここで締めくくられた。

　プロイセン暦の「聖イマニュエルの日」の4月22日に生まれたカントは、熱心な敬虔主義（註1）の信奉者だった両親からイマニュエルと命名された。「神われ等とともにいます」の意味である。誕生の翌日、カントは両親に抱かれて、大聖堂で洗礼を受けた。

　その時の洗礼盤が、今も大聖堂に保管されている。カリニコフ先生の案内で、アルゼンチンから到着したばかりのカント哲学者とともに、大聖堂の中を進むと、入ってすぐの左側の洗礼室に、白い大理石の楕円形をした幼児向けのかわいらしいサイズの洗礼盤が台座に乗せられていた。聖水の底にはたくさんのコインが投げ入れられていた。

　下級職人の馬具匠の家に生まれたカントは、貧しいながらも勤勉で正直な父、神聖さをも併せ持った母に育てられた。両親は早逝したが、特にカントが13歳の時に他界した母について、カントは生涯にわたって愛着と尊敬の念を抱き続けた。実際、母に連れられて戸外で自然とふれあうことによっ

カントの洗礼盤　アルゼンチンの哲学者（右）とカリニコフ先生（左）

て、カントは、自然界の不思議さ、緻密さ、美しさは、みな人知を超えた大いなる神によって創られていると教えられた。

ところが、カントの大学での教え子であり弟子のボロウィスキーは、カントが大聖堂の礼拝に出かけたかどうか分からないと記している。（註２）幼少期は家庭で、その後８歳で入学したフリードリヒ学院での８年間、敬虔主義の訓育を受けたカントは、向学心旺盛な生徒だったが、宗教教育には興味が持てなかったようだ。1740年に16歳で入学したケーニヒスベルク大学では、哲学・数学・自然科学を熱心に学んだが、神学には違和感を抱き続けた。カントは、神・宗教について、次のように考える。

――神秘的・超感性的な神は、人知ではとらえられない。よって人間は、神について何も知ることはできない。神の存在は理論的に証明できないから、言語で表現することは不可能である。それだから、宗教・神は、学問の領域においてではなく、信仰の対象として扱われるべきである。

神は存在しているのではなく、人間の要請によって存在する。たとえば、「盗みはいけない」という道徳的な命令は、すべての人間が先験的（先天的）にもっている実践理性（行動を支配する理性）にもとづいている。それでも人間は、自分の道徳的な行動が、常に、ひとりよがりでなく、実践理性にもとづいているかどうかを確かめなければならない。神の審判を仰がなければならない。人間がそれを強く請いもとめ

大聖堂の北に隣接する神殿風のカント霊廟

るとき、はじめて神は存在する。―――このようなカントの主張は、人間中心の、不遜な態度と思う人もあろう。しかしながら、神の審判を求めるとなれば、人間は、日頃から、道徳的でなければならない。常に、自分の行動が他人からも正しいと認められるよう努めなければならない。他人から注意されて正すのではなく、自分の自由な自律的な意志で行動しなければならない。自分の理性が自分の弱さを律する態度を、カントは求めたのである。

　カントの「定言命法」（無条件の絶対的な道徳的な命令）は、次のとおりである。

「汝の意志の格率が、常に同時に普遍的立法の原理として妥当しうるように行為せよ」
　（独Handle so,daß die Maxime deines Willens jederzeit zugleich als Prinzip einer allgemeinen Gesetzgebung gelten könne.）　　　　　　　　　　　　　　　　　　（註３）

　ふつうに言えば、「あなたが自分なりに考える道徳的な規準が、全ての人に通用する道徳的原理となるよう行動しなさい」ということである。そして、全ての人が道徳的原理に沿う努力をするならば、最高善の理想的な社会「目的の王国」を作ることができると説くのである。カント自身、80年の生

遺骸を掘ると、まっ先に頭蓋骨が現れた！（絵画）

涯を「定言命法」の実践に能うかぎり努めた人だった。

　1804年2月11日、カントは80歳の生涯を閉じた。ケーニヒスベルクのすべての教会の弔鐘が鳴り響くなか、国葬は要人のほかに、数千人の市民が参列して大聖堂で執り行われた。カントの遺骸は、大聖堂の北側に埋葬された。その後、墓所の改築・修復は幾度かあったが、1880年に一度、カントの遺骸が掘り起こされたことがあった。偉大な哲学者の頭蓋骨の科学的なデータを得るのが目的だった。掘り起こし始めて、なんと土中から一番先に現れたのは、頭蓋骨。科学者らは「偉大な超人は、真っ先に頭から出てくる」と感嘆の声をあげたという。この時のエピソードはそのまま絵図になって、今もカント博物館に展示されている。データの結果をも知りたいところだが…。

　第二次世界大戦中の1944年8月と45年4月、ケーニヒスベルクは何千何万回もの爆撃を受けてほとんど壊滅状態に陥った。大聖堂も破壊された。しかし奇跡が起きた。1924年のカント生誕200周年記念に建てられた、古代ギリシアの神殿風の柱に囲まれたカント霊廟（ストア・カンティアーナ：独 Stoa Kantiana）は、墓石にほんのかすり傷を負った程度で、

カントのデスマスク（複製版）

カントのデスマスク
（オリジナル版）
４体作られたうちの
１体が、エストニア
で見つかった

しっかり立ち尽くしていたのである。以来、「カント霊廟は奇跡の場」と信じられている。結婚式を挙げたばかりの若いカップルが霊廟前で記念写真を撮り、花束を捧げて、強運の守護神カントにあやかる光景が今も見られるそうである。

　戦後、大聖堂は、キリスト教からロシア正教に宗旨替えとなった。1990年代前半、新政ロシアによる復旧工事が始まり、戦前のレンガ造りのゴシック様式が復活して、2006年9月に落成した。ドイツが資金提供をしたとも聞く。現在の大聖堂はあまり宗教臭さがなく、教会というよりもむしろカリーニングラード市民の文化ホール的な役割を果たしているという。実際、2015年10月に再訪した折、カリーニングラード交響楽団によるドヴォルジャーク（ロシアの人はこう発音する！）の「新世界より」の演奏を楽しんだが、舞台では司祭の登場も祈りの場面も一切なく、ロシア人・ドイツ人・ユダヤ人・ポーランド人・オランダ人・リトアニア人・アルゼンチン人それに日本人をも含めた500名近い聴衆が一堂に会して、楽しい時間を共有した。

　それにしても、カリニコフ先生は実に多くの人たちから挨拶を受けていた。演奏の前後に、次々とひっきりなしに老若男女がカリニコフ先生を見つけては近づいてきて話しかけていた。先生は静かに丁寧に返礼をくりかえしていた。そのような先生が、曲が終わるや、「ブラボー！」と大声を張り上

ロシア正教会の教会（左）とチャペル（右）

げるから、となりにすわる人間はドキッだった。寡黙にして意志強固な哲学者である。

　カリーニングラード市内には、大聖堂（英cathedral）を頂点として、ロシア正教の金色の玉ねぎ型のドームを冠した白亜の中規模の教会（church）と小規模の礼拝堂（chapel）が、背比べをしているかのように建っている。夕方になってドームに陽が当たると、まるで天の光が流れ落ちるような荘厳さを放つ。あまりの美しさにしばし見とれて立ち尽くした。

註１．ピエティズム（独Pietismus）ルター派の一宗派。形式的な儀式よりも、聖書と内面の精神性を重んじた。
註２．ボロウスキー（L. E. Borowski, 1740〜1831）他２名による原著『カント』は、カントの没した1804年に出版。芝烝訳『カント』（S. 42年創元社）
註３．定言命法（独Kategorischer Imperativ）は、カントの『実践理性批判』(1788)における道徳法則の形式。

プロイセン公アルブレヒト（1490〜1568）ケーニヒスベルク大学創設者。右の像は、アルベルティナ・ゲストハウスにある。

樹木にかくれたケーニヒスベルク大学 1843年まで大学は大聖堂の裏手にあった。

3．ケーニヒスベルク大学　そして今は

　ケーニヒスベルク大学は、正式名をアルベルトゥス大学ケーニヒスベルク（独Albertus-Universität Königsberg）、通称アルベルティナ（羅Albertina）と称した。1544年、プロイセン公アルブレヒト（Albrecht von Brandenburg-Ansbach, 1490〜1568）によって、中の島のクナイプホーフ島の大聖堂の隣に創設された。1740年代の学生数は500名程だったが、カントの名声が広がるや、700名になった。しかも学生はドイツの津々浦々から集まってきていた。1861年になって、アルベルティナは、アルトシュタットの宮殿の観兵場に移転して再建された。
戦後に誕生したカリーニングラード大学は、同じ場所に建っている。

　1740年、カントは16歳でケーニヒスベルク大学に入学した。学資は親戚の援助があったものの、学生生活は非常に貧しかった。大学には、法学・医学・神学・哲学の4学部があったが、専攻できる学部は、親の社会的な身分によって決められていた。富裕な上流階級の子弟は法学部に在籍し、卒業後は高級官吏の地位が約束されていた。医学部も卒業後は安泰。神学部は大部分が貧しい小市民か農民階級の子弟で、

1898年のケーニヒスベルク大学
（城の観兵場に建つ）

教会牧師か学校教師あるいは家庭教師の道に進んだ。カントは最下級の哲学部だった。

　在学中のカントは通常の講義では飽き足らず、特に好きな数学・哲学・自然科学は熱心に独学に励んだ。しかし、卒業後はなかなか就職先が見つからず、伯爵家の子弟の家庭教師、貴族の図書館の副司書の仕事を得られたにすぎなかった。それでも、若い日に経済的な苦境の中で勉学に励んだ環境が、不屈の強い意志と独立心を育み、その後のカントの思索や著述活動に必要な基本的な性格を形成したようである。そして、哲学部のクヌッツェン教授との出会いは大きかった。カントに独創的な思想家になり得る道を示してくれたのだから。残念ながら、カントが27歳の時、クヌッツェン教授は37歳の若さで他界した。カントはこの悲運を乗り越えた。

　学生時代のカントは、がり勉タイプではなく、オタクでもなかった。それどころか、友人たちとの交遊に興じる開かれた心があった。得意な遊びは玉突き。その仲間の法学部の2人の友人とは緊密に交流した。後に2人はそれぞれプロイセンの枢密財務顧問や軍事顧問になったが、カントとの親交は終世続いた。社会人になって、カントは貴族や大商人の邸宅の食事にたびたび招かれた。そのような時、カントは専門的な研究の話はせず、政治などを素材にしてユーモアあふれる話術で周囲を大いに和ませ楽しませたようである。また、後

カリーニングラード大学内の著名人のレリーフ

Simon Dach

J. G. Hamann

E. T. A. Hoffmann

　年、自宅を購入したカントは、昼食時に、ミューズの女神の数9名を限度に客を招いて、談論風発のサロンを楽しんだ。社交家カントでもあったのだ。
　カントは長いこと大学講師の地位に甘んじた。それでも、他人を押しのけて地位を得ようとは考えない性格だった。46歳の時、教授になった。60歳を過ぎた1786年と88年の2回、ケーニヒスベルク大学の総長に就任した。その時の模様を弟子は誇り高く記している。「カントは、多年にわたって哲学部の元老であり、すべての同僚教授の尊敬の的であり、周囲の学生から敬愛されている。カントの存在は、郷国のすべての高貴な人々の喜びである」と。

　ところで、18世紀のアルベルティナは、カントをはじめ、多くの世界的な著名人を輩出した輝かしい時期で、Golden Ageと呼ばれている。それらの人々は次のようである。
☆ベッセル（F. W. Bessel, 1784-1846）天文学者・ケーニヒスベルク天文台の初代台長。カントの『純粋理性批判』（1781）はニュートン（I. Newton, 1642-1727）の万有引力の法則を前提とするだけに、カントとベッセルは接点があった。彼の測地学は日本の地図製作のもとになった。
☆ヘルダー（J. G. Herder, 1744-1803）カントの教え子・文学者・哲学者。ロシア皇帝ピョートル三世即位の時、頌詩を表した非凡な弟子。しかし、宗教哲学を唱え、カントと真っ

向から対立。

☆ハーマン（J. G. Hamann, 1730-1788）ドイツのプロテスタントの思想家。ヘルダーと同様、カントの人間の理性を尊重する啓蒙思想の合理主義に反対し、個人の内面的信仰のみが役立つと説いた哲学者。

☆フンボルト（K. W. von Humboldt, 1767-1835）政治家・哲学者・ベルリン大学創設者。パリでカント哲学の講義をした際、「フランス人は抽象的な思考に向いていない」と語る。反面、ナポレオンは「ドイツ人（カント）の説はやっぱり分からない」と随行者に楽しげに語って反撃したという。地理学で有名なフンボルトは実弟。

☆メンデルスゾーン（M. Mendelssohn, 1729-1786）ユダヤ人哲学者。ベルリン科学アカデミー主催の懸賞論文で優勝。カントは次点。しかし、アカデミーは「カントの論文は、受賞したユダヤ人学者の論文とほとんど同価値」と公表し、さらに「ドイツのアカデミーを強力な革命で脅かす大胆な人物」と好評した。「真夏の夜の夢」の作曲家メンデルスゾーンは孫。

☆ヘルムホルツ（H. von Helmholtz, 1821-1894）ドイツの物理学者。エネルギー保存の法則を確立。ソ連の学校教育は、彼を無視しつづけた。1991年に新政ロシアになって、ニュートン同様、ヘルムホルツは古典物理学に特徴を与えたとして功績が認められ、正課に復帰した。

☆オイラー（L. Euler, 1707-1783）スイスの数学者。カントは物理の著『活力測定考』をオイラーに贈り、オイラーから『ドイツ王女への書簡』を贈られる。カントは、この著が「空間」の問題を解決したと語る。「ケーニヒスベルクの7つの橋」の解答者で知られる。

☆ホフマン（E. T. A. Hoffmann, 1776-1822）作家・判事・音楽家。チャイコフスキーのバレエ音楽「くるみ割り人形」

カリーニングラード大学の本館
現在はイマニュエル・カント・バルト連邦大学と称する

は、ホフマンの「くるみ割り人形とねずみの王様」にもとづいている。

☆ヘルバルト（J. F. Herbart, 1776-1841）ドイツの哲学者・教育学者。教育の目的を倫理学に、方法を心理学に求め、初めて体系的教育学を樹立。日本の明治期の教育に影響を与えた。

☆その他に、日本ではあまり知られていないが、Simon Dach（1605-1659）も紹介しておきたい。彼は、詩人・作家として、讃美歌を作詩した。カリーニングラード大学と縁が深い。詳細は、第二章のP. 107、そして資料２．のP. 151を参照されたい。

☆ヒッペル（T. G. von Hippel, 1741-1796）は、すぐれた行政的手腕を発揮して、ケーニヒスベルク市を発展させた。今も彼の名を冠したヒッペル中等学校が存する。

　第二次世界大戦のドイツ敗戦で、1945年、ケーニヒスベルクはソ連に編入されて、カリーニングラードと改名、大学もカリーニングラード大学と改名されて、ドイツ人学生は追放された。
　共産主義体制下の大学での講義は、マルクス主義の唯物論が主流であり、対極にあるカント哲学は、敵視され、講義の時は教室の隅に、常に政府の監視官が見張っていた。

カリーニングラード大学
正面玄関前のカント像

1994年9月
カリーニングラード大学の学生さんたちと

　1994年9月、初めてカリーニングラードを訪れた時、市内は、半世紀の間、一度も手入れされたことのないようなアパート群が林立しているのが目についた。市民の平均月収は2万円と聞かされたが、精神的にも経済的にも疲弊し切った市民の姿が見て取れた。
　カリーニングラード大学のキャンパスの芝生では、4、5人の男女学生が腰をおろしていたが、話し声も笑い声も聞こえてこなかった。きちんとした身なりではあったが、何年もアイロンをかけて着まわしているという。そんな中、思い切って声をかけてみると、美しく物静かな彼らだったが、素直に一緒に写真に収まってくれてうれしかった。

　2004年、カント没後200周年を記念して、カリーニングラード大学は、イマニュエル・カント・バルト連邦大学（英Immanuel Kant Baltic Federal University）と改名された。アルベルティナの伝統は今も受け継がれていて、ドイツ人の学生も多いという。ただ、カントの名を冠した大学であるにもかかわらず、哲学科の規模はかなり小さいらしい。現代の主流は、生化学（英biochemistry）だそうである。在学生の比

2015年10月、I. K. B. F. 大学大学院生、教授たちとミーティングをした

率は、6：4で女子学生が多く、女性の教授もかなり多いという。州の大学進学率は25％だそうである。

　2015年10月、I. K. B. F. 大学を再訪した。校舎は建て替えられてきれいだった。1994年当時と同じく、正面玄関前には、ステッキを持ったカントのブロンズ像が立ち、『実践理性批判』の結語「わが上なる星の輝く空と　わが内なる道徳法則」が刻まれていた。

　今回、カリニコフ先生の親切な計らいで哲学科の教授・大学院生6名と40分程、意見交換をする機会を得た。早速、「なぜカント哲学を専攻したのですか」と尋ねると、「人間形成の土台となるものだから」、「科学技術は切磋琢磨する競争世界だが、カント哲学は、人種・言語・文化等の違いを超えて、価値観を共有できる世界を構築できる。それは、平和への一歩ともなり得る」と、みな流暢な英語で、自分の意見を明確に述べていて感心させられた。日本の学生は大丈夫か？

　会の最後に、カリニコフ先生との20年余りにわたる交流について語ることになった。1994年9月12日、カント博物館において、カリニコフ先生との予期せぬ出会い、それも1時間足らずの出会いだったにもかかわらず、双方がカントの実践理性批判の定言命法を共通の価値観としていることが一気に信頼の念につながって、現在まで交流が続いているのだと思うと伝えた。散会後、カリニコフ先生が、「意見交換会はな

哲学科の学生さんたちの手によるカント像
(大学ロビーの真ん中にある)

カシュタンの実(黄緑色の刺のないイガを
した栗)8mの高さから落下してきた

かなか良かったと思うよ」と評価してくださって安堵した。
　キャンパスを出て街路樹の下を歩きだすや、バラバラッと音を立ててたくさんの実が降ってきた。間一髪で頭への直撃を免れた。見上げると、次々と黄緑色の外皮を割って潔く落下してくる茶色の実。カシュタン(露kashtan)と呼ばれる。日本では、トチノキの実を指す。ほとんどトゲのないイガをした栗の一種で、残念ながら食用には向かないという。春には白い花を咲かせて街が華やぐというから、日本の桜を思わせる。実を持ち帰って洗面台に置いているが、見るたびに、カリーニングラードが無性になつかしくなる。

大聖堂 奥の塔の2～3Fがカント博物館

4．カント博物館

　1994年9月12日―――カリニコフ先生と出会う―――
　貸切りのハイヤーは、露語・英語の通訳ガイドを務めてくれるポーランドのグダニスク工科大学準教授のグレゴルジュ先生と私ども夫婦を乗せて、朝7時にホテルを出発、ロシア・カリーニングラードを目指して、国境までの300kmをひた走った。グダニスクは、第二次世界大戦前はドイツ領ダンツィヒと称し、ケーニヒスベルクと同様、ハンザ同盟の加盟都市だった。戦前は両者の街並みはそっくりだったという。戦後のグダニスクは、市民の手で、往時の街を完全に復元させたという。片や、ケーニヒスベルクは無念のままらしい。出発前にホテルの窓から、たくさんのマストの見える造船所の風景と、教会の鐘の音の響きわたるこじんまりした美しいグダニスクの街を脳裏に焼き付けた。出発して30分、ヴィスワ河畔のマルボルク城（MalborkCastle）で琥珀展を見る。さらに30分すると、ドイツ騎士団時代の要所だったエルブロンク（Elblag）の町を通過。ようやく着いた国境の検問所は、すでに長蛇の車列。検問官は日本人の入国は初めてだと言って、5ヵ所で穿つ目つきで尋問を繰り返すし、車のトランク内を数回入念にチェックしていた。無事にパス。カリーニン

カントの愛用品　帽子とステッキ　　カントのおしゃれな外出着とステッキ
　　　　　　　　　　　　　　　　　小柄だったようだ

グラードの中心街を目指して、石畳とアスファルトを交互に繰り返す直線道路を走る。ヒトラー政権下に造られたアウトバーン（ドイツの自動車道路網）だそうだが、石畳の走り心地は耳に響いて不快そのもの。時折、スピード違反だったのか、シラカバ並木の陰から白バイが飛び出してきて尋問を受けたが、無事にパス。緊張のうちに、正午過ぎ、カリーニングラード市街に到着した。ひとまず今宵の宿となるプレーゲル河畔に係留する引退船＜ホテル・ハンザ＞に荷物を置いた。フロントでは、英語も独語も通じなかったが、「夕食はどこで出来るか」とジェスチャーとカタコトのドイツ語で伝えて、何とか答えを引き出してホッとした。早速、ツアーを開始する。

　最初に大聖堂の北側にあるカント霊廟を参詣した。
　次に、カリーニングラード大学を訪ねた。どこにも人影がない。運よく受付の窓口が開き、創立450周年を祝った直後で休校中だと教えられたが、許可を得て、3階のカント博物館へ。すると、天の恵みとしか思えない瞬間が待っていた。室内から人の声がする！後で知ったのだが、カリーニングラード大学哲学科教授・ロシアカント協会会長のカリニコフ先生は、この時たまたまカント博物館に立ち寄ったのだと

晩年のカントの散歩姿と、最初の自宅
（スケッチ）

1804年2月、カント死す
国葬には市民の列が途切れなかった

か。不意の訪問にもかかわらず、先生は、異国の旅人を親切に招き入れて、1時間余り、展示物を案内してくださった。そして、大のカントのファンと称する秘書のオルガ・クルピーナ女史は、「これはケーニヒスベルク大学を卒業したドイツ人が来館して贈ってくれたコーヒー豆。友情の印よ」と言って、一粒を手のひらに乗せてくれて、やさしくハグしてくれた。帰りがけに、カリニコフ先生が、最新版の拙論だと言って、赤い表紙の1冊を手渡してくれた。帰国後、お礼状を送った。すると予期せぬことに、先生から温かなお手紙をいただいた。こうして1年に数回の手紙による交流が始まった。それが20年余りも続くとは誰が予想しただろう。

2015年10月2日　―――再びのカント博物館―――
　1994年当時のカント博物館は大学の一教室にあって手狭だった。今回は、2006年に復興した大聖堂に移設していた。東側の尖塔の2階と3階が博物館、4階は館長も兼ねるカリニコフ先生のオフィスになっていた。館内はステンドグラスから差し込むやさしい陽光に満ち、明るくて広々として清々しく落ち着いた雰囲気だった。
　2階には小中学生らしき見学者と保護者が大勢いた。みな熱心に展示物に注視している。ガラスのショーケースに収

2004年カント没後200年 日本から寄贈した掛け軸 寄贈者と揮筆者の名前が展示されていてサプライズ！

「わが上なる星の輝く空とわが内なる道徳法則」の掛け軸（『実践理性批判』の結語）

『純粋理性批判』の初稿 カントらしいちょうめんな美しい文字

　まったカントの正装用のスーツやステッキ、几帳面な美しい筆記体で書かれたカント直筆の『純粋理性批判』の初稿、それに使われた羽ペンと青インキの壺、愛用の懐中時計、生家やカントの持ち家の模型や見取り図、カントと関係の深い人物の数々のレリーフと解説、それに1880年にカントの遺骸が掘り起こされた際、土中から真っ先に現れた頭蓋骨に驚いている科学者たちの絵図など、豊かに丁寧に陳列されていた。エストニアで見つかったカントのデスマスクに再び対面した。デスマスクは4つ作られたが、少なくともあと一つはドイツにあると、1994年当時この件を話してくれたオルガ・クルッピーナ女史は、すでに故郷のエストニアに帰ったという。最近はヨーロッパ各国から、カント在世時の全集や書物が寄贈されるようになり、博物館は充実の一途にあるという。

　カントにまつわる近年の年間行事の一つに、大学主催のカント・スピーチコンテストがある。カント生誕の4月22日に開催され、コンテストの優勝者にはカントの顔の入ったメダルが授与される。コンテストのクライマックスは、参加の学生全員が大きなパイを分け合って食べる中、忍ばせてあったシルバーコインを引き当てた時らしい。コインにかみついた学生が、翌年のスピーカーになるそうだ。そのメダルも博物館で見たが、さすがにパイは陳列されてなかった。

カリニコフ先生　カント博物館で2週に一度、市民向けにカントのレクチャーをする

博物館のレクチャー室で思索中のカント（ロウ人形）

レクチャー室は、マホガニー製の本棚、机など、豪華で美しい

　3階のレクチャールーム。30名ぐらい座れるだろうか、一般市民に向けて、2週に一度、カリニコフ先生がカントに因んだ話をするそうだ。なんと奥まった席に、思索する若きカントがうつむいて座っていた。蝋人形のハンサムなカント！作り付けの本棚や机やイスはすべてワインレッドの色をしたマホガニー製で揃えられていて、格調高い部屋だった。

　続きの部屋に進むと、なんとサプライズが俟っていた。入り口を入ってすぐ、右手の壁を指さして、カリニコフ先生が静かに言われる。「唯一の日本人寄贈者として、あなたの名前はカント博物館に長く残りますよ」と。肝心の本人は全く失念していた。思い起こせば、2004年のカント没後200年を記念して、確かに日本から一幅の掛け軸を贈ったのだ。東京新聞社主催の書道コンクールで、見事に「東京新聞賞」を受賞した若き書家・安岡麻子（号・前田響暉）さんに、カントの『実践理性批判』の結語「わが上なる星の輝く空と　わが内なる道徳法則」の揮毫をお願いして寄贈したのである。カリニコフ先生の親切な計らいに、思わず目元が熱くなった。帰国前、少額ながらカント博物館への寄付をカリニコフ先生に託した。

5．カント先生のお出かけ

　80年の生涯を通して、カントはなぜ一度もケーニヒスベルクを離れなかったのか。それには、どうやら3つの理由があったようだ。

　1778年54歳の時、カントはドイツ東方のハレ（Halle）大学の教授にと、大王フリードリヒ二世から再三懇請されたが、丁重に辞退している。ハレ大学はドイツ学界の中心であり、気候もよく、ケーニヒスベルク大学の3倍以上の俸給と枢密顧問官の称号の授与という破格の条件であったのに、固辞している。その理由を、カントは親しいユダヤ人宛の書信で、「収入や学会のひのき舞台で評判を取るということは、ほとんど私の心を動かしません。ケーニヒスベルクで、私の性情と身体とが無理をしないで保たれていくことこそ、日ごろ願うものであり、これまで確保してきたものです。変化は、それが良い方向であっても、私には不安を与えます」と述べている。確かに、カントは生まれつき非常に身体が弱く、長生きはできないだろうと医師は見立てていた。「カントでなければ、80年も生きられなかったでしょう」と弟子も記しているが、実際、カントは常日頃から心身の声に細心の注意を払い、規則正しい生活をしていた。カントの散歩姿を見かけると、市民は時計の針を合わせたというエピソードはよく知られているが、それは健康上の理由から、毎朝5時に起きて夜は9時に就寝するなど、幾つかの生活習慣の中の一つだったのだろう。

　それに加えて、当時、カントは『純粋理性批判』（1781）の著述に没頭していた。2500年余り続く西洋哲学史上に、金字塔を打ち立てることになる大著『純粋理性批判』の執筆に、カントは、10年の歳月をかけて、全身全霊を傾けていたので

ある。

　さらに、カントは、ケーニヒスベルクをこよなく愛していた。すでに述べたように、世間知・人間知を得るにふさわしい国際的な都市ケーニヒスベルクを誇らしく思っていたのである。40余年の教職人生のうち、哲学部の学生に純粋哲学の講義をしたのが10年、あとの30年余は法学部の上流階級の学生たちに、ケーニヒスベルクで得た世間知・人間知を講義していたが、このことからも、カントの考え・決意が伺えよう。しかも後年、当時の講義録を、400頁余の『人間学』(1798)に集大成させている。そこには、日本人の特色についても書かれていて、カントの非凡ぶりがここにも惜しみなく発揮されている。カント74歳の時の著である。

ザトゥールグス邸（独Saturgus Garten）
　カントは31歳の時、富豪の商務顧問ザトゥールグス（Friedrich Saturgus, 1697〜1754）の援助で、邸内の琥珀や化石の博物標本や美術品を保管する陳列室の監督を務めた。王室図書館の副司書の地位も世話してもらっている。それでも仕事の内容はカントの性分に合わなかったらしく、数年後に二つとも辞している。その十数年後の1770年46歳の時、カントは大学で鉱物学の講義を受け持つことになったが、ザトゥールグス邸の仕事で得た知識が大いに役立ったと周囲に語っている。何事も自分の血肉となるレベルにまで昇華させてしまうところが、いかにもカントらしい。

　1753年に建てられたザトゥールグス邸と庭園は、現在もカリーニングラード市内の大通り沿いに健在である。あまりツーリストには知られていないそうだが、公園として一般開放されている。今回、閉門後だったため中に入れず残念だったが、庭園の人工の窟（ほら穴）や林泉が有名である。それ

カントがしばしば滞在したシュレッター邸のダーチャ（左）と大きな厩舎（馬100頭は入りそう！）

にしても、邸宅と歩道を隔てる外壁の長さは100m以上続いただろうか。孔雀石のような鉱物で出来ているのか、夕陽が当たると、外壁の表面がキラキラ光り、やがて玉虫色に変化していき、なんとも霊妙だった。

ダーチャ

　ダーチャ（露Dacha）とはロシア語で、「①与えること②別荘」を意味する。その歴史は、18世紀のロシア大帝ピョートル（Pyotr 1 Alekseevich, 1672～1725）の時にまで遡るようだ。大帝が手柄を立てた家臣に「与えた」庭園付きの「別荘」が始まりらしい。富豪や官僚等のエリートに手厚く与えられたダーチャの歴史は、200年余り続く。
カント在世の頃のドイツ領東プロイセンも、フリードリヒ大王のもと、貴族の別荘はロシアのダーチャと似たような歴史を辿ったようである。ダーチャの呼び名は国によって異なろうが、東ドイツなど旧東欧諸国共通に見られた土地制度のようである。

　ダーチャが一般大衆化してカリーニングラード住人に開放されたのは、第二次世界大戦後の食糧難の時だった。住人自ら決起して、自分たちに土地を与えるよう政府に命がけで要求したことによる。1960年代のフルシチョフ（N. S. Khrushchev, 1894～1971）首相の時になってようやく、一家族に最低600㎡の土地が割り当てられるようになった。しかし、土

ラリッサ夫人とカリニコフ家の別荘家族総出で造った２階建て

カリニコフ家のダーチャで、キイチゴを摘むカリニコフ先生

地は国有、住人には土地用益権が与えられたのみで、その権利は世帯主一代限りだった。1991年にソ連が崩壊して、新政ロシアが誕生するや、従来の規制は撤廃され、土地は一世帯ごとに無料で与えられ、しかも相続が認められるようになった。ダーチャの歴史は、「与えられた」ものから、「勝ち取った」ものに変わったのである。

今日では、カリーニングラードのダーチャは、一般市民が望めば誰でも手に入れられるそうだ。今どきのダーチャが昔の貴族の別荘と異なる点は、時間を掛けてでも、市民自身が手造りの別荘を建てて畑の手入れをするという点だろうか。

ケーニヒスベルクのダーチャ

カントがしばしば滞在したダーチャは、ケーニヒスベルク市街から南に50kmほどの地ヴォーンスドルフ（Wonsdorf）にあるフォン・シュレッター（F. L. F. vonSchrötter, 1743～1815）邸の別荘だった。1か月滞在したこともあるらしい。フォン・シュレッターは七年戦争（註1）で活躍して、後に国務大臣を務めた人物だが、非常に精神性を重んじる人格者だったらしく、カントと意気投合したようである。その様子を、弟子が記している。「フォン・シュレッターはどんなに人情味にあふれていたことか。このすぐれた人物に、カントは老年になっても最大の尊敬の念を抱いていましたが、この人からいつも特別の友情をもって迎えられたことをカントは

いよいよカリニコフ家のダーチャで採れた食材で夕食　乾杯！

賞賛してやまなかったものです。この邸の主人は、決してカントに窮屈な思いをさせず、自宅にいる時と全く同様に過ごさせたので、ここでは最も気に入った休養ができたと、カントは特に断言していました」と。

（註１）1756年〜63年、英国の財政援助を受けるプロイセンとオーストリア・ロシア・フランスおよびその同盟国との間で起きた戦争。プロイセンは勝利し領有地を獲得した。

　2015年10月、カリニコフ先生と子息ミーシャの運転する車で、ヴォーンスドルフのダーチャに向かった。広大な敷地の奥まったところに、フォン・シュレッター邸はあった。手前の右手には、馬100頭は入る大きな厩舎が見られた。当時はさぞ立派なダーチャだったに違いない。残念ながら、別邸はその後火災に遭い、一度は再建されたものの、現在はレンガ造りの大きな屋敷はすっかりがらんどうで、窓枠を残すだけの廃墟だった。それでも、今も子孫が管理しているという。
　敷地の入り口に車を停め、私たちはこちらを見ている作業着姿の日焼けした男性に挨拶をしようと近づいていった。ところが、彼はいきなり大声で「敷地から出て停車しろ！」と怒鳴り始めた。カリニコフ先生が事情を伝えるものの一向に聞く耳をもたない。「ソ連時代の名残か、ああいう独裁的で

孫のデュマ（右）とチェスをするカリニコフ先生

ミーシャ（左）がSUZUKIの車で連日走ってくれた。日本の車はbestとか。

閉鎖的な人間がいまだに多くて」と先生は嘆いていた。ダーチャの写真を撮って早々に引き上げることにした。裏手の森林地帯へ行ってみた。なんとここも別邸の管轄との表示があった。広大な土地に、ちっぽけな人間！

　公道の一本道に戻るや、カリニコフ先生が「ここのダーチャに来るにはこの道があるだけ。石畳は中世の頃に造られていて、カントの頃から変わっていない。あなたはカントと全く同じ道を走って来たのだよ」と言われる。畏れ多い体験をしたのだ。それにしても石畳を走ると、車が上下に小刻みに振動して耳の中がくすぐられて不快そのもの。貴族の立派な馬車に乗って往復したであろうカントだって、さぞかし不快だったろうに。どうやって耐えたのだろう。

カリニコフ家のダーチャ

　再び道の両側に荒涼とした大地を見ながら、アスファルトの一本道を走る。時おり、道端でキノコやリンゴの入ったバケツを前にしてしゃがんでいる老人の姿が見られた。後続車も対向車もめったに見ないが、売り物らしい。売れるのだろうか。さらに走ると、小径から、ガチョウ・ヤギ・犬が一列になって出てきた。どうやら車道を横切る気らしい。まさか、子どもの頃に読んだロシア民話『イワンのばか』じゃあるまいし。こういう光景が実際にあるなんて！感動が収まらなかった。でもカリニコフ先生もミーシャも平静な様子。きっ

カリニコフ家のダーチャ
ネコ、青い花、キュウリ、ビーツ、ジャガイモ、ベリー類、ハーブ類でいっぱい！

とこういう牧歌的な光景はよく目にするのだろう。彼らが渡り終えるのを見届けてから車を発進させた。

　カリニコフ家のダーチャに着いた。カリーニングラード工科大学準教授の長男夫妻が迎えてくれた。ここからポーランドの国境までわずか7kmと聞いてフッと思い出した。1994年にポーランドから国境検問所を経てカリーニングラード市に向かう途中、たびたび目にした畑の中の小さな家はダーチャだったのだ。農機具の物置小屋もあっただろうが、長年の疑問がひとつ解決した。
　カリニコフ家のダーチャは、2階建ての素朴な造りだったが、家族総出で石を積み上げるなどして2年がかりで造ったという。屋内の石段を上ると、木枠のベッドが二つ、枕元には書棚があって、インテリ夫妻の休日を彷彿させた。階下には暖房と煮炊きを兼ねたレンガ製の炉と煙突。棚には大きな鍋とやかんと電気オーブンまであった。庭のバルコニーには白く塗られた大きなテーブルとイスがあり、ここで食事をするそうだ。優に600㎡はある菜園には、朱色の皮をした大きなジャガイモ、巨大なニンジンやキュウリやズッキーニ、大玉のビーツやブラウンレタスやカリフラワー、色の濃いトマト、ルアーブやスグリやブルーベリーなど。別の畑には赤や青や白色の花が咲き、木々には小ぶりのリンゴやキイチゴが鈴なり。見事なダーチャだった。敷地の隅には簡易トイレが

あり、排泄物は満タンになると発酵させて肥料にするとか。自力で掘ったという井戸の手押しポンプを上下させると冷たい水が出てきた。柵の向こうのお隣さんはリンゴを積み上げた樽を両膝に挟み、回転棒を回してジュースを絞っていた。いつの間にか野良猫がやって来ていてバルコニーの手すりの上で寝そべっていた。

　爽やかな微風が頬を撫でていく中、食事が始まる。ワインで乾杯して茹で立てのジャガイモをいただく。中は黄色くてホクホク、そこに塩とバター、ディルやイタリアンパセリをのせていただく。賽の目に刻んだビーツやニンジン・セロリ・トマトそれにウインナソーセージの入ったスープはディルを散らしていただく。手作りの黒パンが香ばしい。どの素材も濃くて甘味がある。自然の力が凝縮している。フッと、日本も昭和の子供時代の野菜は濃い味だった、となつかしく思った。

　夕方に夫妻の次男デュマが到着するや、背丈が２m４cmの孫と祖父カリニコフ先生のチェスが始まった。デュマはチェス学生大会で２位とか。孫のチェスの師だった先生の顔は真剣そのもの。どうやら今日は「出藍の誉れ」らしい。負けたのにカリニコフ先生は破顔の好々爺だった。

　平日は都会で仕事、週末は郊外のダーチャで畑の手入れやリフレッシュのひと時を過ごす。なんともうらやましい地産地消のスローライフ・エコライフである。一家の幸福な風景

を目にして、もう二度とこの国の歴史が逆転してはならないと心から思った。

散歩道

　カントの日々の散歩は、ケーニヒスベルク城の池のあたりまでせいぜい1～2kmだったようである。今は、このコースは、「哲学者の径」と称する。カントの住居の西方に、威風堂々のブランデンブルク城門があった。今も往時をしのぶ貫禄が伺えるが、城門のアーチを車が絶え間なくくぐり抜けていく。城の周囲の堀には少量の水が湛えられていた。堀に沿って1km余り続く残骸化した城壁の中段には、横一直線に銃口用の四角い穴が等間隔で開いていた。いかにも好戦王フリードリヒ大王らしい遺構である。

　カントが下宿した家や通学したフリードリヒ学院は今やまったく跡形がないが、ちょっとした芝生の広場に、ゴーリキー（註1）やシラー（註2）のブロンズ像を見かけた。ゴーリキーとカントの関連は分からないが、シラーとゲーテ（註3）そしてカントに関しては、学生時代の倫理学の時間に文献を読んだ記憶がある。もう内容を思い出せないが。

　ロシア哲学は、ドストエフスキー（註4）やトルストイ（註5）の文学作品に反映されていることが多く、文学を通して哲学を知ることも可、とはよく聞かされる話である。

　ところで、18世紀の地図を見ると、カント時代のケーニヒスベルク城周辺もカントの住居付近も、湿地帯が多い。カントの散歩道は、よく踏み固められた馴染の道が多かっただろう。

（註1）M. G. Gorkii（1868～1936）ロシアのプロレタリア文学の作家
（註2）F. von Schiller（1759～1805）ドイツの作家

ブランデンブルク門

市内を走るトラム

市街を走るバスの中で

市街の公園に建つシラー像（1759−1805）

市内のちょっとした公園に、ゴーリキー（1868−1936）の等身大の像が建つ

(註3) J. W. von Goethe（1749〜1832）ドイツの作家、シラーと親交を結ぶ
(註4) F. M. Dostoevskii,（1821〜81）ロシアの小説家
(註5) Lev N. Tolstoi（1828〜1910）ロシアの小説家、思想家

6．カリーニングラード散策

　カリーニングラード市内や近郊には、カントと直接の接点はないものの、ケーニヒスベルク時代の遺跡があちこちに見られた。
　ところで、1994年と2回目の訪問となる2015年では、カリーニングラードはどのように変わったのだろうか。

　2015年秋、20年ぶりに再訪したカリーニングラードの街は復興が進み、何よりも治安が良くなったとたびたび聞かされた。目抜き通りは、高層ビルよりは低層の立派な建物が連なっている。そのひとつがロシア海軍バルチック艦隊の本部だと教えられた時は、一瞬耳を疑った。100年以上も前の日露戦争の艦隊など過去の話と思っていたが、今も現役なのだ。米国発マクドナルドやスペイン発ZARAも視界に飛び込んできた。キリル文字に由来するロシア語の看板を別にすれば、日本の街並みとたいして変わらないと思った。それでも、ボンネットの出っ張ったバスも走っていて、なんだか日本の昭和時代を彷彿させる。乗ってみると腰に黒カバンを下げた中年の女性車掌が切符に鋏を入れにきて、小学生時代に引き戻された気がした。バス停は屋根付きで、ベンチが備えられて、格段にきれいになって安全な印象だった。トラム（路面電車）も盛んに行き交っている。20年余り前の錆びて傾いていた電話ボックスはすっかり最新型に入れ替わっているし、整備された歩道を、ファッショナブルな服装をした若い女性が携帯電話やタブレット端末を片手に颯爽と歩いていく。IT（情報技術）はカリーニングラードにもかなり浸透しているようである。（1994年当時の写真は、P.72参照）
　戦勝記念広場は、1994年当時、新政ロシアになって3年を

市街には、ZARA もマクドナルドの店もあった

母国の像
「カリーニングラード州は、母なるロシアの娘である」の銘文があった

戦勝記念広場
元はレーニン像があった。今は、ひたすら高い円柱が立つ

軍事関連の記念碑やレリーフが多い（海軍を称えた広場）

経ても、まだレーニン像が立っていたが、さすがに撤去されていた。 代わりに円柱が一本立っていた。the Great Patriotic War「偉大な愛国戦争」(第二次世界大戦をロシアではこのように称する)で、勝利した軍隊を称讃している円柱である。また、近くの壁には、往時のバルティック艦隊の水兵たちを称えたレリーフが掲げられていた。隣りの広場には、ふくよかな女性像があった。母国の像（the Statue of Motherland）と呼ばれる。足元に刻まれたロシア語の銘文を英訳してもらうと、立っている女性は、母親ではなく娘ということになる。

Russia is the mother and Kaliningrad district is the daughter.
「カリーニングラード州は、母なるロシアの娘である」

　飛び地のカリーニングラードを忘れないでね、と娘は母なるロシアに訴えているのだろうか。
　かつてケーニヒスベルクは軍人・軍隊の街だった。その歴史を引き継いでいるのか、戦後のカリーニングラードには、ソ連の重要な軍需施設が配備され、市民40万人に軍人20万人が駐留していた。確かに、1994年当時、制服姿の軍人や高校生ぐらいの海軍見習い兵をあちこちで見かけた。彼らは街の広場に到着するや、いっせいに鉄棒にぶら下がり、サッと降りて、横一列になって行進していった。まるでロボット。唖然として眺めたのを思い出す。軍人たちの数は、今は往時の20分の一に削減され、しかも彼らは郊外の寄宿舎で生活するようになり、市街で見かけることはほとんどないそうである。
　さらに、当時エリートだった軍人たちの社会的地位は、今や地に落ち、代わって現代のエリートは、警察官だそうである。たまたま警察学校の門から、紺の制帽・制服姿の高校生

カリニコフ先生
大きな琥珀の作品
の前に立つ

琥珀に閉じ込められた
虫や草花

ドーナ塔の隣の
ロスガルテン門。
今は琥珀博物館

ドーナ塔
ケーニヒスベルク城の
要塞の1つ。

ぐらいの男子が200人ぐらい、2列行進をしながら出てきた。下校時らしいが、誇り高く厳粛な表情をしている。そのまま寄宿舎まで整然と行進して帰っていくらしい。

琥珀博物館

　街の北東に、ケーニヒスベルク城の門のひとつ、ロスガルテン（Rossgarten）の遺跡がある。元要塞だったドーナ塔に隣接していて、いまや琥珀博物館になっている。バルト海沿岸で採掘・加工される琥珀（ヤンタル：露yantar）は世界の産出量の9割を占める主な輸出品になっているだけに、琥珀博物館は必見。館内は琥珀のようなやわらかい黄色の照明に包まれていた。英語版の説明によれば、琥珀は5万年前の地質時代の木の樹脂（ヤニ）が地中に埋没して化石となった。古代ギリシア時代は生命の石として尊重され、今日でもマイナスイオンを出して身体の細胞を活性化させるパワーがあるという。虫や植物が閉じ込められた原石を細工して作られたネックレスや指輪・カフスボタン・ネクタイピンやキセル（パイプ）などの装飾品や装身具類は値打ちがあってかなり高価である。人間の背丈よりも高い柱時計や船舶も優雅で豪華だった。それでも、圧巻はなんといっても、サンクトペテルブルグのエカテリーナ宮殿の「琥珀の間」を模したたたみ一畳以上もある展示物だろう。実物は見たことがないけれど、豪華絢爛の極みである。琥珀が、香料や絶縁の材料にも

チケット売りの窓口

カリニコフ先生（右）と
子息ミーシャ（左）

日本では見かけない植物も
多かった

カリーニングラード植物園
広すぎて、ほんの一部を歩いたに過ぎなかった

なるなんて、初めて知った。

カリーニングラード植物園

　もとは、1811年に開園したケーニヒスベルク城内にあった植物園である。今も薬草研究所のある独自性に富んだ植物園として知られる。戦後はカリーニングラード大学の管轄だったが、現在は16の大学が共同で管理しているという。広すぎる園内には、バギーに幼児を乗せた若い夫婦の散歩姿が多く見られた。ほんとうに広すぎて、ほんの一部を歩いたに過ぎなかった。

カリーニングラード動物園

　チケットの窓口では、「外国人には高額を要求するから離れていて」とミーシャに言われて、咄嗟に身を隠した。

　街の北西にある動物園は、1896年開設のケーニヒスベルク動物園の歴史を引き継いで今に至る。戦前のケーニヒスベルク動物園は、動物の数も種類もベルリンに次ぐ世界屈指の動物園だったそうである。大戦でほとんどの動物が全滅したなか、唯一カバが生き残った。子孫は脈々と現在まで続いていて、カリーニングラード動物園のシンボルになっている。屋内に入ると、プールに身を沈めていた2頭のカバが、目を水面すれすれに出して人間を観察していた。10月から春までの寒冷期はカバもゾウも屋内で過ごすそうだが、ゾウ舎の前に

カリーニングラード動物園

動物園出口に立つカリニコフ先生
うしろのベンチが大切！

ベンチにはカントの「定言命法」がロシア語で表記されている

カリーニングラード動物園のシンボルのカバと挨拶してくれたゾウ

立っていたら、なんとゾウが屋外に出てきて、私たちに挨拶してくれた。

ニホンザルもいた！広々とした住居を割り当てられて、綱から枝へ、枝から綱へと、カッコいいジャンプを披露してくれた。子息のミーシャに、「ところで、デズモンド・モーリスのNAKED APE（日本では『裸のサル』の訳）って読んだことが…」と言いかけると、「知ってる。読んだよ。ロシアでは、NAKED Monkeyの題名だけどね」の返事があった。「Ape（類人猿）とMonkey（猿）じゃ、レベルがちがうよ～」と言い合って終了。

動物園の門を出たところで、カリニコフ先生が左手の白いベンチを指さした。ベンチの背にカントの「定言命法」が書かれているという。ロシア語だから全くのお手上げだったが、先生のドイツ語は聞きなれたカントの語録だった。

Handle so, daß die Maxime deines Willens jederzeit zugleich als Prinzip einer allgemeinen Gezetzgebung gelten könne.
「汝の意志の格率が、常に同時に、普遍的立法の原理として妥当しうるように行為せよ」

さらに、街中を歩くと、モダンなビルの外壁に、カントの胸像のレリーフがあった。裏手はカントの実家があった所と聞いて廻ってみたが、狭い敷地に草が茂るのみだった。別の街角の石塀にも、カントの『実践理性批判』の結語「わが上なる星の輝く空と　わが内なる道徳法則」をロシア語で刻んだブロンズのレリーフが掲げられていた。これらカントの銘文のレリーフやベンチは、カリーニングラード大学のカリニコフ先生を中心とするカント学者・研究者が、限られた予算で、一粒ずつタネを蒔くようにして、文化を根付かせようと

街中の塀にカントの銘文のブロンズ像がある

銘文の像はカリニコフ先生たちの尽力で実現している

街中の近代的なビルの壁面にカントのレリーフが見られる。ロシア語と独語による表記があった

レリーフのあるビルの裏手がカントの生家跡。今は小さな草むらになっていた

努力してきている一環である。市民は、年々カントに慣れ親しんでいっていると言う。

バルト海とロシア式ファストフード

いよいよ西へ40km余り、眼前に豪快なバルト海が開けた。大海を臨む高台のこの辺りは、スヴェトロゴルスク（Svetlogorsk）地区。林の中に、軽井沢を思わせる瀟洒な家が点在していた。近年は若い富裕層が移り住むようになったとか。一帯は戦時中の爆撃を免れており、ドイツのハーフティンバー式の家も何軒か残存していた。ヤンタルヌイ（琥珀地区）の看板の先に、琥珀の露天式の採掘現場や加工工房がある。ヤンタルホールと銘打った立派な建物の内部は琥珀色をしていて、国際会議場として使われることもあるようだ。恐る恐る切り立った崖の下を覗くと、浸食のため奥行きのなくなった砂浜に、人の姿が小さく見えた。夏は海水浴で賑わう由。カリニコフ一家も昔はよく来たそうである。

ソ連時代に造営されたという石段をかなり下って狭い踊り場に立つと視界180度の大海原。やっぱり地球は円いのだ。足元に轟音で迫ってくる白波を眺めていたら、引きずり込まれそうな眩惑。慌ててはるか沖を眺める。フッと海難事故を思った。1945年の開戦下、ドイツの客船グストロフ号がケーニヒスベルクを出港して間もなく、ソ連軍に撃沈された。乗客や難民9000人余りが犠牲となった。女性や子どもも多く乗り込んでいたという。他に2隻撃沈された。映画化されたタイタニック号の悲劇は知られているが、グストロフ号は戦時下の事件だからという暗黙の了解があるらしく、知らない人も多いだろう。海の藻屑となった人々が、歴史から消し去られてしまったようで哀しい。

バルト海を臨む

バルト海と日時計

ラウシャン地区のシンボル塔の見事な紅葉

スヴェトロゴルスクは豊かな若い家族の住む戸建が多かった

カリーニングラードは四方八方、荒涼とした大地が広がる

保養地区ラウシャン（Rauschan）へ歩いた。町のレンガ造りのシンボルタワーは、紅葉の真っ盛りといわんばかりの深紅一色のツタの葉に巻き付かれて、見事な美しさだった。それでも、いよいよ花より団子のとき。ソ連時代から続くというファストフードの店でランチと相成った。平屋の地味な建物の中に入ると、塗装は施されたもののほとんどソ連時代のままだという飾り気のない店内だった。クリーム色の壁には、いくつもの手描きの絵と値段を書き込んだメニューが貼ってあった。ガラス越しのディスプレーには、マッシュルーム・ジャガイモ・ズッキーニ・牛ひき肉・チキン・ソーセージ・チーズ・バター・鶏卵などを大皿にのせてオーブンで蒸し焼きにしたカセロール（casserole）が多く、いくつもの小皿に切り分けて並べられていた。ベリー類をふんだんに乗せたケーキやアイスクリームそれにジュース類も多かった。セルフサービス方式で、好みの品を盆に乗せてレジへ進むと、白い三角巾で頭を覆った女性がイスに着席したまま、客の顔を見ることなく、無言でひたすら金額を打ち込んでいた。BGMもなく私語もほとんど聞こえてこない店内だった。それでも、コクとボリュームたっぷりの美味しい料理にとても満足。これに愛想が加われば、言うこと無しなのに。
　食後のアイスクリームを前にして、ミーシャの独白のようなつぶやきが心にしみた。「ソ連時代の方がマシだった。今のカリーニングラードには自由も希望もない」と嘆息している。モスクワの大学・大学院で物理学と法学の修士号を取得して警察官僚となった若者が、故郷カリーニングラードに戻ってきたものの、希望の職種はほとんどなく、生活のために低賃金の職でも就かざるを得ない現状だという。カリーニングラードでは、若い人の失業率が10％を超えているとも聞く。さらに街全体が、ゴミ処理システムの構築が喫緊の課題だという。日本もいまや格差社会が生まれ、環境問題が喫緊

ソ連時代からのファストフード店でランチ

店の入り口

壁に手描きのメニューが貼ってあった

おいしそうでどれにしようかな

カリニコフ先生も列に並ぶ

コクがあって美味！

子息ミーシャ（左）とナターシャ夫人（右）

店内は静かそのもの

郊外では、ハイウェイに沿った高台で、ブルドーザーが、FIFAワールドカップのスタジアム造り

の課題であることを考えると、ミーシャのつぶやきは決して対岸の火事ではないはずだが、それでも両国には違いを感じてしまう。

　カリーニングラードは、見渡すかぎり荒涼とした大地が多い。東西南北を走ってみて、家一軒・樹木一本なく、遥かかなたに地平線がみえるだけの空き地が実に多かった。旧ソ連時代は、大規模な国営農場（ソホーズ：露sovkhoz）があったところである。組合員として働いていた農民は、個人の自由や権利・権限はなかったものの、きちんと給料が支払われて生活の保障が約束されていたから将来の不安はなかった。農地は肥沃で、大麦・小麦・ホップ・トウモロコシそれに畜産用の牧草がよく育ったという。不満はなかったようである。
　1991年にソ連が崩壊して新政ロシアになって、社会は何もかもどんでん返し。それでもカリーニングラードの住人は、政府の民営化に期待していた。しかし、資金や人材や機材の調達はいっこうに実現しないまま今日に至っているという。肥沃な広大な土地があるのに。
　別の高速道路を走って郊外に出てしばらくすると、道路より一段高い台地の表面を、ブルドーザーが土煙を上げて整地していた。2018年FIFAワールドカップ・ロシア大会のスタジアムを造成中なのだとか。観客の収容人数は４万人とみて、大会後は３分の一に縮小する可動式会場だそうである。周囲を見回しても、だだっ広い大地が広がるのみで、家一軒見当たらない。ここへのアクセスは、と尋ねようとして、言葉を飲んだ。カリーニングラードの人々の痛み、悲しみが伝わってくるような気がして、そんな質問などできなかった。

フリードラント地方の遺跡

　南東のフリードラント地方に向けて50kmほど走って、まず、ドイツが13世紀に建造した水力発電所に到着。ゆったり流れるアレル河沿いに建つレンガ造りの発電所は、機械類も現役で稼働中と聞いて驚いた。敷地の中は立ち入り禁止だったが、フェンスの外側の草むらに、鈴なりの果物の木を発見。小ぶりのひょうたん形をした実をかじると、酸っぱい！とても食べられたものではない。すぐに吐き出した。クラブアップル（crab apple）と呼ばれるリンゴの一種だそうで、野生動物用とか。なるほど。さらにドライブを続けて、14世紀に建てられたフリードラント城（Friedland Castle）へ。ここの城主はナポレオン一世と戦ったことで有名らしい。今は古儀式派の教会（the Orthodox Church）（註１）に変わっている。会堂に入ると、ちょうど幼児が洗礼を受けている最中だった。スカーフで頭を覆った付添いの女性を目にして、テレビで見たことのあるどこかの国の慣例を思い出して、急いで帽子を被った。が、脱ぐようにとミーシャに注意されてしまった。女性はみな頭を覆わなければいけないと考えてのことだったが、早とちりだった。部外者は脱ぐのが礼儀なのだ。いつの間にか朗々とアカペラの賛美歌が響きわたっていた。カリニコフ先生がお土産にと、会堂内の売店で求めた聖母マリアとキリストの絵図を手渡してくださった。いかにも古風な色をした絵図である。

（註１）キリスト教の東方正教会。11世紀にローマ教会から
　　　　分離。ギリシャ・ロシアなど東欧諸国に信者が多い。

アルベルティナ・ゲストハウス

　カリーニングラード滞在中の宿泊は、カリニコフ先生の勧めてくださったアルベルティナ・ゲストハウスとした。「街中には米国風のホテルもあるが、私はここを勧めたい」との

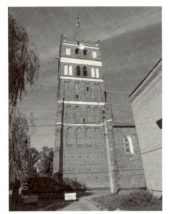
14世紀に造られた元フリードラント城 今は、オーソドックス教会になっている

オーソドックス教会の内部 洗礼式が行われていた

野生リンゴ（crab apple）があちこちに見られた。酸っぱい！

アレル河沿いの水力発電所

13世紀の水力発電所は現在も稼働中！

アルベルティナ・ゲストハウス
こぢんまりとした博物館のようだった

アルベルティナ・ゲストハウスの隣に
建つボリス氏の家（ビル）
壁にカントとケーニヒスベルクの人々
のレリーフ12名分

於アルベルティナ・ゲストハウス
右からボリス氏、詩人・作家たち
左：カリニコフ先生

カント時代の街：アルベルティナ・ゲ
ストハウス内のタペストリーのあちこ
ちに。

アルベルティナ・ゲストハウス４Ｆの
屋根裏部屋は快適！

アルベルティナ・ゲストハウス内
まるで博物館！
（壁には、カント関連の作品群）

理由がよく分かった。カリニコフ先生の友人ボリス氏は、ここのオーナーであり詩人でもあった。カリニコフ先生と同様、カントとケーニヒスベルクを敬愛してやまない人でもあった。ケーニヒスベルク大学のラテン語名のAlbertinaを冠したホテルは、4階建て12室のこじんまりしたホテルだった。驚いたことに、一階の朝食用レストランの壁、廊下の壁や柱や窓辺には、18世紀のケーニヒスベルク大学がGolden Ageに輩出したカントや多くの著名人のレリーフ（彫塑）、ケーニヒスベルク城や街を描いたタペストリーが所狭しに展示されてあって、博物館さながらだった。しばらく気づかなかったが、食堂の隣りの薄暗い部屋の奥まった隅に、マントを羽織った恰幅のいい人物が立っていた。なんと1544年に、ケーニヒスベルク大学を創設したプロイセン公アルブレヒト（註1）の像だった。顔がよく見えなかったが、きっとハンサムな好男子なのだろう。

翌朝は太陽の射す屋根裏部屋で目が覚めた。ログハウスのような部屋は、簡素だが清潔で調度の数々がきちんと据えられていて快適そのもの。ハンドルを押しやって窓を開けると、なんと向かいの大きなビルの側面に、カントやホフマンなど12名のレリーフが貼ってあった。ボリス氏の自宅だろう。近くには中国風の家もあった。静かな住宅街である。

朝食は毎日バイキング形式だった。ソーセージやシリアルやサラダやコーヒーやデザート類の西欧風で、特段変わったものはなかった。ただ不思議なことに、食事を終える頃になると毎回、若い女性がポリッジ（お粥porridge）を食べるかと聞きに来た。満腹だが試しに注文してみると、不思議とアロマ漂うお粥は美味しくてお代わりした。デザートなのか。それにあの芳香と甘さは何だろう。あとで分かったのだが、カーシャ（露：kasha）と呼ばれるロシア風のお粥で、弾力性のある噛み心地はソバの実だった。それを蒸し煮にして、

アルベルティナ・ゲストハウスの食堂にはケーニヒスベルク時代の著名人の顔々々が壁を埋めていた。ロシア語で、お手上げだった

野の花（カリニコフ先生が初日に贈って下さった）

仕上げにバターや牛乳を入れて、芳香ただようハチミツの甘味を加えるとデザートのような一品になるようだ。胃にもたれず、身体も温まって気分がよく、一日のスタートにふさわしい一品だった。
　（註1）Albrecht von Brandenburg-Ansbach（1490〜1568）17頁の写真参照。

　それにしても、ロシア人は微笑まないし、あまり笑わない。モスクワ空港の入国係官も、アルベルティナ・ゲストハウスのボリス氏も、フロントの若い女性も朝食担当の中年女性も然り。微笑まないし無愛想で気難しそうに見える。たとえば、ボリス氏と初対面の挨拶をした時、「私は英語は話しません。ドイツ語のみ話します」とドイツ語できっぱりと微笑もなく言われて、こちらは面喰って、ドイツ語による二の句なんて継げなかった。滞在中、ボリス氏のカントへの思い、ケーニヒスベルクへの思いなどいろいろ尋ねたかったのだが、なんだか話しかけづらかった。心も気持ちも近づけないまま終わった気がする。

　概してロシア人は微笑まないような気がする。それは寒冷地の人々にありがちな口の重さによるのか、あるいは旧ソ連の共産圏の社会では、他人に対するサービス精神など不要だったから、微笑みも育てられなかったのかしらと考えていたが、少々違うらしい。
　ロシアでは幼少時に、「仕事中の人は笑ってはいけない」と教えられるそうである。歯をみせたり、微笑んで対応すれば不真面目な働きぶりと受け取られるようである。

　1週間後に帰国した成田空港では、入国係官が旅行者のひとりひとりの顔を見ながら、「お帰りなさい。お疲れ様でし

た」と大きな声ではきはきと連呼していた。このような愛想のよさは、日本人特有の気質か、2020年の五輪に向けた「おもてなし」の準備なのか。連呼は少々耳ざわりではあったが、微笑を持って対応されると、心がほぐれる気がした。

　カントは大学で「愛想のよさ」について講義している。「愛想のよさは、他人に対する外面的な振る舞いの一つである。それは人間愛から生じ、他人に対する怒りを緩和し、また他人に対する権力欲を制限する。愛想のよい人は、他人の幸福を妨害するようなことはしない。だが、他人の幸福を促進するほど寛大でもない。愛想のよさと寛大の結合が望ましいが、実際には結合し難い」と。
　笑いや微笑みは、時として表面的で、心の真意を表わしていないかもしれない。それでも相手に対して少なくとも、あなたに敵意は抱いていませんよ、というメッセージにはなるだろう。「郷に入っては郷に従え」は、相手の国の文化や習慣を知って尊重した上で、受け入れる姿勢が大切だとあらためて感じさせられた。

ロシアの家庭料理
　カリーニングラード滞在中の朝食は、アルベルティナ・ゲストハウスのバイキングスタイルを利用したが、昼食も夕食も毎日、カリニコフ先生のお宅で、夫人のナターシャ、子息のミーシャとともに、家族のように招き入れられていただいた。
　カリニコフ先生のお宅は、市の中心部に建つアパート群の中の２LDKのフラット。ソ連時代は国営だったが、新政ロシアになって住人に払い下げになったという。外装は一見きれい。重い鉄の扉を開けて中に入ると、戦後、おそらく一度も補修や塗装がなかったと思われるほど、あちこち欠けた石

ピロシキは、サイズによって、呼び名が変わる。これは、主食用のピローク。

夕餉をかこむカリニコフ先生とナターシャ夫人

段や落書きの壁が見られ、ガタガタ音を立てて揺れながら上昇していく少人数乗りのエレベーターに少々怖くて緊張した。それがなんとカリニコフ家の玄関の扉が開くや、「さあ、靴を脱いで。どうぞ」と、なつかしいナターシャが迎え入れてくれた瞬間、いっぺんに不安と疲労が解消した。そして、何回も口ずさんで覚えてきたロシア語「ズドラーストヴィッチェ！」（こんにちは！）を無事に発声。ロシアも玄関で靴を脱ぐ習慣があると知って、とたんにアットホームになれた。

　お宅は手狭ではあるが、きちんと整理されていて、アカデミックな雰囲気が感じられた。居間の壁際の本棚には、カント関連の全集・研究論文集・小論や雑誌記事など、50以上の作品を発表したカリニコフ先生の業績を含めて1万冊と聞かされて圧倒された。ソファーの向かいのサイドボードには、カント関連の絵画やメダルやトロフィーが並ぶ。窓辺には美しい花が飾られ、その横に、自宅のダーチャで採れたというリンゴがブリキのバケツに山高く積まれていた。赤・黄・紫の自家製のベリー類もそれぞれ容器に入って並べられていた。植木鉢にはディルなどハーブ類が育っていた。さっそく搾りたてのリンゴジュースをいただく。実に甘くて濃い味。毎回の食事の準備はナターシャが、食卓のセッティングと後片づけは、カリニコフ先生の分担の由。ナターシャが毎日毎回、ロシアの典型的な家庭料理を手作りして披露してくれた。

ナターシャ夫人の手作りのロシアの家庭料理。ミドルとはいえ大きなピロジョク。デザート！

筆者の発した質問に食事中も席を立って書物で調べて下さるカリニコフ先生

🦋　🦋　🦋　🦋　🦋

　日本でもおなじみの**ピロシキ（piroshki）**。元ソ連の共和国だったウクライナのは、日本式の油で揚げたタイプでおやつ向きだという。カリーニングラードでは、大きなサイズは**ピローク（pirog）**、ミドルは**ピロジョク（pirojog）**、かなり小さくて複数個にまとめたものは**ピロジョクン（pirojogn）**と呼ばれる。ピロークは主食用に、パン生地をこねて発酵させてオーブンで焼くが、一度に数日分作るという。中にはたっぷりゆで卵とキャベツのみじん切りが入っていて、バターと塩の味がする。ディルを散らして、ナイフとフォークでいただく。さっぱりした口当たりだった。デザートは、中にリンゴの砂糖煮を詰めたピロジョク。**ボルシチ（borshch）**のビーツ（beet）は、ロシアではスビョークラと呼ばれる。日本でも簡単に手に入るようになったが、実は赤カブと似て非なる甜菜（サトウダイコン）である。根っこには、糖分やビタミンC・カルシウム・カリウム・鉄分・食物繊維などが豊富に含まれていて、抗酸化作用が強く、アンチエイジングのすぐれものと聞かされたから、たまらない。ただし、ビーツの赤い色は、手に着くと水洗いしてもなかなか取れないからご用心。野菜スープのダシは、トマトや牛肉から抽出する。玉ねぎ・キャベツ・キノコ・ジャガイモ入りのあっさりしたスープだった。**ペリメニ（水餃子）**は、ウラル地方やモンゴ

シャルウォトカ

ボルシチ、ポテトサラダ
ロシアの家庭料理

ペリメニ

ルから伝わってきたそうだが、肉・キノコ・キャベツ・ベリー類を、皮で帽子型に包むのが特徴。カリニコフ家のペリメニは、ベリーが入ったジューシーでやさしい味がした。サラダ・ヴィネグレットは、ゆでたスビョークラ、細かく刻んだ人参・ジャガイモ・キュウリや玉ねぎなどを酢漬けにしたもの。**ロシア風ポテトサラダ**はジャガイモ・玉ねぎ・人参・キュウリ・固ゆでたまごのみじん切りに塩・コショウ・マヨネーズの味で、日本でもお馴染みのような気がした。ロシア風レイヤードサラダは、ビーツの他に、ジャガイモ・人参・紫玉ねぎの薄切りと、みじん切りのゆで卵とディルを重ねたサラダ。味付けは塩・黒コショウとマヨネーズ。キャベツ巻き（cabbage roll）は、和製英語のロールキャベツと同じだが、発祥地は実はロシアなのだとか。トマトの味付けで、牛と豚の合いびき肉・玉ねぎ・イタリアンパセリに塩コショウの調理。デザートは**シャルウォトカ（sharlotka）**という名のフランス発祥のリンゴケーキ（apple pudding）。ロシア人好みの味にアレンジされている由。シナモンの香りの効いた濃厚な味で、ロシアン・ティーとよく合った。

　ロシアの家庭料理は、日本ほどレパートリーが広くないと聞いていたが、確かにそうかもしれない。ハーブ類を用いた薄味が多かったが、その分、野菜自体に露地栽培特有の濃い香りと味がして、自然の力が凝縮していた。日本の子供時代

自宅の窓辺には、鉢植えの花々やくだものの入ったバケツでいっぱいだった

日本からの土産として、桜の模様の入った九谷焼の置時計を持参した

のトマトやキュウリの濃い味をしきりに思った。

カリニコフ先生が、食べ物にまつわるロシア人とドイツ人の言い伝えを教えてくださった。

What to Russians is healthy that to Germans is death, our frost, Russian food-forest mushrooms, and berry.
「霜枯れ時の寒気も、森の恵みのキノコ類もベリー類も、ロシア人にとって健康に良いものが、ドイツ人には死を招く」

一瞬、ドイツ人はなんて天の邪鬼なのだろうと思ったが、早とちりである。実は、カリーニングラードに住むロシア人とドイツ人は昔からとても仲がいいのだそうだ。「戦争は為政者が好んでやるのである。ケーニヒスベルクの市民もカリーニングラードの市民も戦争なんて望まなかったし、今だって決して望んでいない」と、カリニコフ先生は断固とした口調で言われた。

もう一つ教えていただいたことは、今日のカリーニングラードに住むドイツ人は、東プロイセン時代にケーニヒスベルクに住んでいたドイツ人の子孫ではなく、第二次大戦後に、ロシアの他の地域からカリーニングラードに移住してきたドイツ人の由。そして、現在カリーニングラードの人口の

カント

大聖堂

ケーニヒスベルク大学の校

カリニコフ先生宅のサイドボードには、カント賞などのメダルがいっぱい並んでいた

約半分を占めるロシア系ドイツ人二世は、当地で生まれ育った人たちとのこと。しかも現在のカリーニングラードは、子どもの数がたいへん多く、小学校の教室が足りないので、二部制になっているとのこと。確かに、夜も七時を過ぎて、暗闇の中からリュックを背負った児童がガヤガヤおしゃべりしながら歩いてきたので、つい塾帰りの子供たちかと日本風に考えてしまったが、そうではなくて、二部制の後半クラスの子供たちの下校だった。少子化の日本と対照的だが、カリーニングラードの未来に曙光のきざしを見た、といったら誇張だろうか。

ソ連時代には国営だった集合住宅。1991年以降、払い下げとなって現在に至る

カリーニングラードは、子どもの数が多く小学校は二部制になっている（写真は放課後風景）

7．カントの伝道師

　2015年10月にカリーニングラードを再訪して、しみじみ思った。カリーニングラード市民は、ケーニヒスベルク時代の遺構・遺物を、敵国の建造物だからといって完全に消し去ってしまおうとするのではなく、むしろ、カントを中心にして栄えた彼(か)の国の文化を丁寧に掘り起こして、それらを自分たちの新しい文化として育んでいこうとしている。そう思える程、ケーニヒスベルクの形見は、カリーニングラードの街中に、自然に溶け込んでいるように思えた。

　そして、半世紀のあいだ、カリーニングラードの街に、市民の間に、新しい文化を根付かせようと強い信念を持って歩んできた人、その人物こそ、カリニコフ先生だった。共産党政府から睨まれ、モスクワやサンクトペテルブルグの大学人から無視されても、命を懸けて、カントとその精神を死守し続けてきたカリニコフ先生は、孤高の歩みを恐れない人である。その姿、その歩みは、カントその人に似ていてならない。

　今回、カリーニングラードを再訪した目的は、20年余りの間にカリニコフ先生から贈られた小論を読んで、これはアカデミックな世界における理想論にちがいないと、疑念を抱いてのことだった。

　結論として、再訪してほんとうに良かった！自分の長い間の勝手な疑いや思い込みは、完全に払しょくされた。

　カリニコフ先生を中心とした、カントを土台とした、新しいカリーニングラードの文化の創造は、まだまだこれからも続くだろう。

　カリニコフ先生は、カントの伝道師（ミッショナリー）である、と声を大にして言っても、決して誇張ではないだろう。

第二章　カントは今、ロシアに生きる

大聖堂でコンサートを待つ人たち。国際色豊かな集まりである

まえがき

第二章の表題「カントは今、ロシアに生きる」は、ドイツの哲学者カントが、かつて敵国だったロシアの地で、今や人々の心の支えとなり、文化の柱となって生きていることを表わしている。

小論1は、ソ連時代は逆境にあったカントが、新政ロシアになって不死鳥の如く蘇った過程が、具体的に叙述されている。カリニコフ先生のカントを死守する姿には、深く感動させられる。

小論2は、ロシア・カリーニングラードの地の下に眠るドイツ・ケーニヒスベルク文化を掘り起こして、自国の文化として育む過程を、ヘーゲルの弁証法にもとづいて述べている。要旨を掲載した。

小論3は、日本でいえば江戸時代中期から後期にかけて生きたカントが、すでに21世紀を見通していたかのような叙述をしていて、驚かされるばかりである。

小論4は、カリニコフ先生の講演を聴いて、東大の理系大学院生4名(板生清・研究室所属)が45頁ものレポートを作成して、板生郁衣に贈呈してくれた。カント哲学の「定言命法」の弱点を突く鋭い指摘や、21世紀を生きるカント哲学の意義を見出してくれたことは、非常に印象深い機会となった。全文を掲載できなかったが、ダイジェスト版で紹介したい。

資料は、カリニコフ先生から贈られた英文の小論3件を、全文掲載したものである。理不尽な社会体制への憤りと、それを上回るカントとカント哲学への愛着と崇高な思いが伝わってくる内容である。

カントは平和主義者である！しかし憂いている…
　第一次大戦後の国際連盟結成に向けて思想的基盤を築いたカントは、『永遠平和の為に』(Zum ewigen Frieden,1795)に記している。「人間同士の平和状態は、決して自然状態なのではない。自然状態は、むしろ戦争状態である。たとえ敵対行為が勃発していないにしても、絶えずそれによって脅かされているのである。だから平和状態は樹立されなければならない」と。さらに、「永遠平和は、人類の死後に訪れる」と。条約や協定でかろうじて保たれている平和。だが、人間の悲しい性は、永遠に戦争を追放することなどできないのだ。だから、永遠の平和は、人類が全滅した後に訪れると、ブラックユーモアの結論を呈しているのである。

　ロシア革命100周年にあたる2017年は、陸の孤島カリーニングラードの姿をとおして、戦争や社会体制が、国民に、いかに過酷な状況をもたらすか、今こそ、対岸の私たちが学ぶ機会かもしれない。
　そして、国境・人種・文化等の違いを超えたカント哲学の掲げる「定言命法」が、人間の歩むべき方向を指し示していることを感じ取っていただけるなら幸いである。

　　　　　　　　　　　　　　　　2017年春　板生　郁衣

Prof. and Dr. Leonard Alexandrovich Kalinnikov
レオナルド・アレクサンドロビッチ・カリニコフ
イマニュエル・カント・バルト連邦大学教授・哲学博士
ロシアカント協会会長

経歴

1936年　ロシア・イワノヴォ（Ivanovo）にて成育
マルクス主義の大学教授の父の影響で、子供時代から、ヘーゲルやカントの書に親しむ。

1954年　イワノヴォ大学入学。時局はカント哲学を容認しなかった。不本意ながら、歴史学科を卒業。
家庭では、父とマルクスとカントについて議論した楽しい思い出がある。外では、マルクス主義批判は厳禁。カント哲学を論じることは、国家の反逆者と見なされた。
同大学大学院修了。母校の他、モスクワ大学・レニングラード大学などで講師を勤める。

1966年　3つの大学から就職のオファーがあったが、迷わずカリーニングラード大学を選ぶ。戦後の新しい大学であり、尊敬するカントの出身大学だったから強く志願した。イワノヴォから1500km離れたカリーニングラードに、物理学専攻の同級生ナターシャ夫人を伴って赴任。夫人は液晶の大学講師となる。赴任後、独学でカント哲学を猛勉強する日々だった。

1969年以降　学位論文をエカテリンブルグ大学など数校に申請するが、カント哲学の特性が原因で、却下。4度目に、ソ連科学アカデミー哲学部門に申請して受理される。しかし、国策に反するカント哲学の審査は特に厳しく、学位取得まで2年待たねばならなかった。後年、「哲学博士」（Ph.D.）取得。現在に至る。

Leonard A. Kalinnikov 先生

＜1994年9月当時のカリーニングラード風景＞
人々は物質的にも、精神的にも疲弊していた

錆びて傾いた電話ボックスにも列ができていた

屠殺直後の豚の首もそのまま、肉屋のシンボルになっていた。朝市は屋内・外がマフィアの溜り場。パトカーが待機していた

小さな出店は野菜も肉製品も品不足だった

月曜朝の出勤風景

まだ、レーニン像があった。高校生ぐらいの海軍の見習い兵たち。写真に収まってくれた後、広場を横一列に行進していった

1．カリーニングラードにおけるカント

　第二次世界大戦後のソ連邦の共産主義社会において、カントとカント派学者がどのような処遇であったかを、事例にもとづいて詳細している。

　カントとケーニヒスベルク！二つの名前は、すでに200年の間、教養人の意識の中で相互に不可分に結びついてきた。英雄と街は、この世に一緒に現れてすらいる。というのは、カント生誕の1724年に、アルトシュタット、レーベニヒト、クナイプホーフの三つの地区が合併して、ケーニヒスベルクが誕生したのである。
　ドイツ領ケーニヒスベルクは、1944年8月に英国軍に、1945年4月はソ連軍に爆撃されて、瓦礫の山と化した。1946年、ケーニヒスベルクというまさにその名は地図から消え、ソ連に編入されて、政府の決定により、新たにカリーニングラードと命名された。
　しかし、奇跡としか呼びようのない理解しがたいことが起きた。何千何万回もの爆撃によって、偉大な哲学者の墓は、ケーニヒスベルクの街もろとも地表から消えても何ら不思議ではなかったのだが、依然として、しっかり立っていた。
　第一の奇跡は、1944年8月、英国の爆撃機による空襲にもかかわらず、1924年のカント生誕200年を記念して、ケーニヒスベルクの人々によって建てられた神殿風の柱廊式の墓所（カント霊廟）は、御影石の土台の上に立ったままだった。
　第二の奇跡は、1945年4月に起きた。ソ連軍の急襲の日々、弾丸は、カント霊廟の大理石の墓碑をかすった程度で、ほかは全く無傷だったのである。
　そして、第三の奇跡は、カリーニングラードの街を支配す

る共産党当局が、ケーニヒスベルク城の城壁を爆破して撤去したものの、大聖堂の残骸や哲学者の霊廟をあえて撤去しようとはしなかったことである。

今日（1992年当時）、戦争で破壊された大聖堂の壁は依然として立っているし、隣接するカントの不滅の霊廟もそのままそこにある。

神が、ケーニヒスベルクの街の復興を、あたかも偉大な哲学者カントに託したかのように、霊廟を守り、そして今なお守っていると考えるひとがいるかもしれない。街の歴史において、カントが文化的な世界を形成するために所望されたのは、このときが二度目である。

最初は、18世紀後半のケーニヒスベルクの街においてであった。フィヒテやカラムジンが移り住み、ヘルダーやホフマンが成長し、ベッセルやクライストが才能を開花させた。続きを数え上げればD.ヘルバートあるいはK.ローレンツ(註1)のような人物に至りつくかもしれないが、多才な教養人がケーニヒスベルクに魅かれて、ヨーロッパ中から集まって来たのである。

当然ながら、このような状況は、他に類を見ない結果であり、繰り返されることはないだろうが、今なおカントは、カリーニングラードの街を、誰もが市民であると感じることができ、そしてドイツとロシアの文化を統合させる最高の基盤として、高度な環境を創りだす中核として、街を変えてしまうやり方で、貢献できている。変わりゆく環境において、カントは崇高なミッション（使命）をもって歩んでいると、私たちは大いなる満足を持って言えるのである。

過去50年のカリーニングラードの歴史において、哲学者カントがいわば現代の街に戻ってきた時期は、3段階に区分されよう。第一段階は1945年から1974年であり、3段階のうち

で最長の期間である。第二段階は＜ペレストロイカ＞（建て直し：露perestroika）の始まりまでであり、年代的には、1974年から85年あるいは86年である。第三段階は、1986年に始まり、今日（1992年当時）まで続いている。

　これら三つの段階をそれぞれ特徴づける前に、私は独自の象徴的な定義を与えたい。まさにそれらはおのおのの本質を反映させていると考える。

　バルト海・アカデミー・トラベムンデ地区（Ostsee-AkademieTravemünde1991年）で同じ主題で行った私の講演では、第一段階を特徴づけるのに、＜ファントム＞（幻影・まぼろし：英Phantom）のことばを用いた。この表現には、驚くべきもの・空想的なもの・神秘的で漠然としたもの、があるが、私の用いる＜Phantom＞は、決して誰かの幽霊ではなかったし、誰かを脅かしたことはなかった。実際、第一段階の意味を的確に反映した表現だろう。

註1：・J. G. Fichte, 1762〜1814　ドイツの哲学者
　　　・N. M. Karamzin, 1766〜1826　ロシアの文学者、小説家
　　　・J. G. Herder, 1744〜1803　ドイツの哲学者
　　　・E. T. A. Hoffmann, 1776〜1822　ドイツの作家、判事
　　　・F. W. Bessel, 1784〜1846　ドイツの天文学者
　　　・H. von Kleist, 1777〜1811　ドイツの作家
　　　・J. F. Herbart, 1776〜1841　ドイツの哲学者、教育学者
　　　・K. Z. Lorenz, 1903〜1989　オーストリアの動物学者

Kant as a Thing in Itself「物自体としてのカント」

 a Thing in Itself「物自体」(註1)は、カントの哲学体系で非常に重要な中心概念である。その位置に、カント自身がいたのだが、あまりにも複雑な社会的な状況にあった一般の人々との間には差異があって、彼らには、カントの影響は効果的にもたらされなかった。カント霊廟は、荒廃した大聖堂の北側の壁に接して、人目から離れた場所にあったから、近隣に日陰の場所さえもたらさなかった。それ自体、独力で存在するもの、というこの種の対象は、ヘーゲルの定義(註2)に叶うものである。

 街中に設立されたカリーニングラード州共産党当局（ほぼ40年間、ソ連共産党・カリーニングラード地方委員会の第一書記N. S. Konovalowによって率いられた）は、住人に次のようなことを確信させた。過去のケーニヒスベルクは、いわゆる＜軍国主義のスズメバチの巣窟＞であり、ロシアの最悪の敵であること、カリーニングラードのほんとうの歴史は、1945年4月の急襲をもって始まったばかりであること、ケーニヒスベルクの過去の残骸はすべて破壊して平らな地に戻すこと、そして新しい社会主義の街カリーニングラードはこれらの廃墟から立ち上がらねばならないこと、であった。このようなプロパガンダは、ドイツ的なモノは何もかも憎悪するという感情に巧妙に根付いたものであり、ファシストの侵略と4年間のドイツとの非常に恐ろしい愛国的な戦争（独ソ戦争1941～45）の結果として現れ、ある程度教育を受けた人々に影響を与えた。

 カリーニングラードは、戦後の大部分の期間（1946～91）、閉鎖都市の事態となった。ソ連の人々も、たとえば旅行で街

に入ることは非常に厳しく制限された。外国人の入国は1991年まで、論外だった。

　当然ながら、孤立した環境にある文化的な生活は、ほとんど輝きが見られなかった。それに加えて、生活は、不釣り合いなほど大規模で公的なイデオロギー機関にきびしく支配された。高等教育機関に関しては、小規模な教育専門学校があったが、その後、都市では「軍隊教育学校」の開校となった。それらの存在はほとんど影響がなかった。というのは、生徒はみな寄宿舎生活だったから市民とかけ離れており、しかも、カリキュラムには人間性を養う科目（古典文学や人文科学）がほとんど含まれていなかったからである。

　まさしくレーニン主義に成長したいわゆる公認のマルクス主義は、カントが伝統的なドイツ哲学の父祖であり、しかもマルクス主義そのものの最強の理論的な典拠であるという事実にもかかわらず、常にカントと敵対する態度であった。ヨーロッパのいたるところで、＜カントへ還れ＞のスローガンがますます重要視されたとき、そしてそれがヨーロッパの社会民主主義者の間で、＜マルクスをカントで補強しよう＞のスローガン（ロシアではそのスローガンは、いわゆる合法的なマルクス主義に支持されたが）に変容していったのだが、V. I. レーニン[註3]とレーニン主義信奉者の左派社会民主主義者たちは、カントと諸々の新カント学派の動向に宣戦布告を放った。

　レーニン主義は、勝るとも劣らぬ危険なもう一つのイデオロギーの活動的な場にいるカントと、闘わねばならなかった。即ち、V. S. ソロヴィヨフ[註4]のさっそうとした出現によって、急速に進展している古来のロシア哲学の影響を排除する必要があった。V. S. ソロヴィヨフの後には、N. ベルジャーエフ[註5]あるいはP. フロレンスキー[註6]のような多くの他の世界的に著名な才能ある学者が従っており、これらの思想の系統は

みなカントに始まり、カントにもとづいており、たとえカントに背く論を吐いたとしても、彼らの心眼には常にカントが映じていたのである。

レーニンの没後、スターリンが共産党書記長に就いた時代、すなわち1930年代半ば、カントへの関心は、哲学的な文化の残存を確保しようとする少数の生き延びた思索家の心の底にしっかり植え込まれた。灰の中から蘇る神秘的な鳥フェニックス（不死鳥）のように、カントへの関心は、＜雪解け＞の短い年月の間にただちに復活した。ロシアにとってきわめて短期間の1963年から66年にかけて、基本的な著作のほとんどすべてを含むカントの著書が6巻、V. F. Asmus, A. V. Gulyga, T. I. Oysermanの3人の教授の努力によって出版された[註7]。近年になって目にするJ. Golosovkerの預言的な言葉がある。彼は、何らかの奇跡によって、スターリン時代の強制労働収容所（露Gulag）で生き延びることができ、その後にやっとの思いで、『ドストエフスキーとカント』という目を見張るような著を出版したのだが、「どこから始めようが、どの哲学的な道を歩もうが、思想家はカントという名の橋を渡らなければならない」と予言的に書いている。

波はいったん起きれば、さざ波となって一番遠くにまで運ばれるのがごく自然だが、この法則が働かない社会がある。首都モスクワで起こったカントへの関心の波は、その近辺にとどまったままで、遠方の西の州カリーニングラードでは、実際、何の動きも感じられなかったのである。

それにもかかわらず、カリーニングラードの一般の人々はまったく受け身の姿勢でいたというのは間違っているだろう。活気のない公的な領域（共産党当局）がある一方、他方には若者たちの非常に行動的な社会があり、両者の間には、ある目に見えない対立が潜んでいた。その対立は、1967年の冬、当局がケーニヒスベルク城の残骸を爆破する予定である

ことが明らかになったとき頂点に達した。街の知識人が全国のマスメディアを通して抗議声明を発表しようとした一方で、モスクワのカント関係者からは、支援も激励も一切なかった。カリーニングラードの学生たちは＜ケーニヒスベルク城＞の城壁に集まって抗議集会を開いたが、デモ参加者は、政府の御用民兵によって退散させられた。(1967年1月1日、教員養成専門学校は総合大学に認可されたが)、大学から追放された教員たちもいた。当時、私自身、若輩の大学助手として、カリーニングラードに住み始めて1年くらいだったが、学生の抗議行動を支持して集会に参加した。あれやこれやの違反や過失があったということで、私の学者としてのキャリアは閉ざされたかもしれない。ソ連共産党（CPSU）(註8)の党員資格を剥奪されたのも同然だったから。

　それでも、＜城＞をめぐる闘争が、多くの優れた文化財を当局の野蛮な破壊行為から守り抜いたことは間違いないだろう。当局は、カント霊廟を囲む鉄柵を引きちぎって持ち帰って自宅のフェンスにした党員を何ら咎めなかったが、大聖堂の残骸やカント霊廟を完全に破壊して撤去することは思いとどまったのである。

　たった一度、カントが注目の対象になったことがあった。引きちぎられた鉄格子の代わりに、カント霊廟の柱と柱の間にチェーンが張り巡らされたのである。それは、フルシチョフ首相(註9)が英国を訪問する途次、カリーニングラードに立ち寄ることになった時である。そういう時でも、当局は失われた長い鉄柵を探す気すらなかった。彼らには、万国共通の文化的な記念建造物に対する考えや配慮など全くなかった。同様に、他のドイツ人墓地の破壊や神聖なものを汚すことにいっさい注意を払わなかったのである。

　それだから本当に、カントは、自分の生まれ故郷の「物自体」になったのである。カントとカリーニングラードの歴史

79

における第2の段階は、すでに述べたように、1973年か1974年から1985年か1986年まで続いた、と私は称したい。

註1：目に見える現象の背後にある究極の原因。（訳者註：ここでは「守護神」と考ても許されるだろう。）

註2：「有限な世界は、自己自身の中で、自己と矛盾し、自己を止揚し、不断の運動によって、反対者へ移行しながら発展する」とするヘーゲルの弁証法。

註3：V. I. Lenin（1870〜1924）ロシアのマルクス主義者。ソ連邦の創設者で、社会主義建設を指導。理論的功績は国際的革命運動に深い影響を与えている。

註4：V. S. Soloviyov（1853〜1900）ロシアの神秘主義の哲学者。哲学と神学の融合を説く。

註5：N. A. Berdyaev（1874〜1948）ロシアの神秘主義の哲学者

註6：P. A. Florensky（1882〜1937）ロシアの哲学者

註7：アルセニイ・グリガ著『カント』は、元日本カント協会会長・浜田義文・外1名の訳で法政大学出版局より出版（1983）。フットワークにもとづいた印象深い著である。

註8：Communist Party of the Soviet Unionの略

註9：N. S. Chruschtschow,（1894〜1971），在任期間1958年〜1964年

The Phenomenon of Kant「カントの現象」

　現象の意味について、いくつかの解説をしようと思う。「現象」（英phenomenon）という用語にはいろいろな意味があるが、ここでは間違いなく、カント自身の哲学的な体系の世界についてである。そして、第一段階と第二段階の相互の関係性にも言及する。それに加えて、読者の関心を、「過程」（process）が含む言外の意味へと差し向けたい。「過程」の用語は、ここでは、私たちに与えられたモノという意味ではなく、現れてくる過程、出現そのものの過程、より明らかなものに形成される過程の意味で用いられる。

　これについては、むしろ意外と思われるかもしれないが、カントの現象は、カリーニングラード市民の前にたまたま現れたと思う人もあろうし、公的に準備された精神的な生命と、一般の人の心（精神）の生命との間には、本質的な違いがあると思い始める人もあろう。公的な生命とは、カント霊廟（ストア・カンティアーナ：独Stoa Kantiana）の限られた中にいるカントである。一方、市民は、足元の旧市街の石ころに触れたり、200年経つ木々や城砦や城門の残骸を見てきたなか、全く生命力のない乾いたひと粒の穀物が新しい生命を準備しているのを見て初めて、生命を印象づけられるという具合に、過去への関心を植え付けられたのである。旧市街の偉大な市民の中の特別な人物を直接的に目指す関心ではなく、ケーニヒスベルクの過去の残骸から蘇るよう運命づけられた人はカント以外に誰もいないと分かって、市民は自分たちの心をカントに集中させたのである。ケーニヒスベルクは、カントという人物をとおして、本来の姿を現わし始めたのである。カントによって、カリーニングラードは、ケーニヒスベルクの（700年余の）歴史のうちの少なくとも250年を

回復させたのである。過去にメスを入れることは初めてだったが、あとに続く人たちはずっと楽に進んだ。カントによって開かれた道を辿れば、ハーマン(註1)、ヘルダー(註2)、ヒッペル、クラウス(註3)、ホフマン、ベッセル、カウアー、コルビッツ(註4)、コリンスというケーニヒスベルクの誇りとしたすべての人々に、カリーニングラードの市民は容易に出会えたのだから。

　歴史にはよくあることだが、カントの出現は、幸運なチャンスによるものだった。正確に言えば、幸運なチャンスの連続によるものだった。

　最初の幸運なチャンスは、ユネスコ（UNESCO：国連教育科学文化機関）が、カント生誕250周年の1974年を、カントの年とする、と宣言したことである。この宣言に応えて、ソ連科学アカデミー最高会議常任幹部会は、カント記念委員会を創設して、カリーニングラード大学宛の手紙で、カリーニングラード市はこの記念祭をどのように祝うつもりかと情報を求めてきた。全土のあらゆる学術機関や他の教育機関にとって、ソ連科学アカデミーの発行する文書は、政府の法令に匹敵する法的な有効性があったことを指摘しておきたい。しかし、カリーニングラード大学の学長（当時A. A. Borisow教授）は、地元の地方共産党委員会の許可なしには、ほとんど何ごとも率先して取り組もうとはしなかった。当局は、自身の利益と釣り合わないときは、常に中央政府の命令や指令を無視してきた。学長は、カントの名前は禁句であることを、残念ながらよく知っていた。「そんなに望むなら、どのような記念祭であろうと、モスクワか、トリビシか、ウラン・ウデで祝ったらいい。だが、カリーニングラードではダメだ」と、いかなる記念祭の準備も反対するだろうと。学長にとって、当局に従わないことは、自身の学者としてのキャリアを諦めることを意味した。この種の状況における最上の道は、ソ連科学アカデミーの問い合わせを完全に無視す

ることだった。賢い人はそう考える。

　チャンスはそこで終わったかもしれないのに、第二のチャンスがやってきた。この時期に、D. M. Grinishin教授が哲学科の教授職を担うことになった。彼は、ソ連科学アカデミーが送ってきた文書について知っていた。冒険心があり、どちらかというと野心的で、策略家でもあったGrinishinは、全体的な状況からして利益が見込めると踏んでいた。彼は哲学の講座を担当したが、哲学の専門家ではなかった。私の知る限り、このことが彼の内面に大いに不平不満の感情を引き起こし、それが自己不一致の強迫観念へと至らしめた、と心理学者が珍しく述べていたものである。カントに捧げたカンファレンスを準備したり、カントに関する講話をすることによって、彼は国内の哲学者のあいだで地位を適切に全うしようとした。

　Grinishinは、そのような異常な場合ですら、カントの祝典を地方当局が禁止するのを恐れなかった。モスクワのソ連共産党科学部門のメンバーと友好関係にあったGrinishinは、共産党中央委員会が、カリーニングラード当局は当地でカントの祝賀会を準備すべきであると指示した当局宛ての手紙を、なんとか入手した。共産党中央委員会の指図に従わないのは不可能だった。これが、カリーニングラードがカントを思い起こす最初の時だった。

　これらすべての出来事は、1973年の秋と冬に起こった。カントの記念祭に捧げるカンファレンスは、1974年4月に、カリーニングラード大学で開催されること、そして偉大な哲学者の博物館が大学に創られることが決まった。この間、カント記念祭委員会の代表者が二回、カリーニングラードにやって来た。最初は、ソ連科学アカデミー哲学研究所を代表するアカデミー会員T. I. Oyserman（当時は通信会員）だった。二回目は、ソ連共産党中央委員会の支配下にあり、当時たい

へん権威のあった社会科学アカデミーを代表するI. S. Narsky教授だった。彼らのサポートは、これら二つの学術的研究所が確固とした特定の権利と明白な権力を有していたので、きわめて重要だった。

カリーニングラード大学には、カントを専門とする人は一人もいなかった。地元の専門家の参加がないまま、カリーニングラードで全連邦カントカンファレンスの開催が推し進められたただ一つの動機は、そこにカントが眠っているから、という事実だっただろう。カリーニングラード大学側に講演者がいなかったことは、全体的な状況において予期せぬ本質を露見したことだろう。そういう訳で、第三のチャンスは、私が喜んでGrinishin教授を、理論的な面でサポートすることだった。というのは、私はその時には、カントの倫理学や美学をたいへんよく知るようになっていたからである。学位論文の作成に取り組む一方、私は道徳的原理の問題に集中していた。私はそれを、普遍的な道徳法則すなわち定言命法（英categorical imperative）の実体的な人格（すなわち、人間の道徳的原理）として考察し、同様に、「目的の王国」と表わされる、この法則の実態的なモデル（すなわち社会の道徳的原理）として考察していた。

そのようなカント哲学の特性が原因で、私の最初の学位論文は、Nizhny Nowgorod大学、Jekaterinburg大学に学位審査を申請しようとしたのだが、4年もの長い間、受け入れてもらえなかった。1969年に、まさに4度目の試みで、ソ連科学アカデミー哲学部門に学位論文を受理してもらったのである！

しかしながら、1973年の秋から、Grinishinと私は、来る記念祭に向けて、歴史に関するカント哲学の講演を準備し始めた。Grinishinはカンファレンスでその小論を読んで大当たりだった。それは、その後に、月刊「哲学術」（Philosophy

Sciences, 1974, No 6）として、共著者の私たちによって出版された。

　記念祭のカンファレンスは1974年4月に開催された。後にそれは、第一回Kant Readings（カント読書会）と称された。というのは、それに続く他のすべての行事が、Kant Readingsと称されたからである。主だった行事は、モスクワ大学とレニングラード大学の学部生や大学院生のカンファレンスによって進められた。これらの読書会には、ロシア全土から約150名の哲学者が参加した。総会では、Grinishinによって読み上げられた小論の他に、アカデミー会員のT. I. Oyserman, I. Andreeva教授、A. Gulyga教授、そしてG. Tevzadze教授が講演をした。Kant Readingsと同時に、旧ケーニヒスベルク城の中庭にあった観兵広場（Paradeplatz）に建つカリーニングラード大学で、カント博物館が厳かに落成式を行って開館となった。博物館には、カント、フィヒテ、シェリング[注5]の胸像が飾られたが、これらはソ連科学アカデミー哲学研究所の代表者から贈られたものである。

　カリーニングラードの彫刻家I. Gersburugは、初めて彫刻によるカントの肖像を創った。それは、カントがケーニヒスベルク大学で最後の講義を行っていた1790年代の教授の姿を表わしている。かつて立派な形をしていた天才の特徴は老齢によって歪められているが、Gersburugは、カントの原形を実物以上に良く見せるのではなく、我々の（現実の）世界と離れて、非常に多くの世界を吸収していた著名人の威厳が、観る者に直接的に分かるように創った。K. Ber, G. Kirchhoff, F. Bessel, G. Helmholtzの浮彫の浅い肖像も創られた。

　しかし、博物館の主な財産は書物である。とりわけカント自身による著作の数々である。博物館が落成するまでに、完璧には程遠いが、カントの著作のロシア語版がかなり膨大な

量で収集できた。この種の翻訳書の伝統は、すでに200年以上になる。博物館のために翻訳書を惜しみなく寄贈してくれるのは、S. A. Snegovの私立図書館である。Snegovはカリーニングラードの有名な空想科学小説家である。彼は自分の図書館のために書物を集めてきていたのだが、シベリアの強制労働収容所の件や他の諸々の困難が彼の人生を通してずっとあったにもかかわらず、幸運にも、どうにかして書物を守ったのである。彼が博物館に寄贈してくれた書物の中に、カントの1795年の学術論文『永遠平和の為に』(独Zum ewigen Frieden)のロシア語版がある(モスクワ1905)。私自身、N. O. Lossky(サンクトペテルブルグ1907)による『純粋理性批判』のロシア語版とN. M. Sokolow(サンクトペテルブルグ1898)の『判断力批判』のロシア語版を博物館に寄贈した。一般的に言って、博物館の蔵書は、全体的にカリーニングラードや他の都市や外国の知識人たちからの寄贈である。

私たちはまた、カント在世時に出版されたいくつかの書を誇りに思う。たとえば、博物館が機能し始めるやただちに、Esin Volpin教授により、『純粋理性批判』の初版(リガ1781)が寄贈された。カント在世時の『純粋理性批判』第3版(リガ1790)は、Gräfin Marion von Dönhoff(ハンブルグ)より寄贈された。『純粋理性批判』は全部で8版まで出版されているが、カント在世時の『純粋理性批判』の版はずっと少ない。

博物館の図書は、カリーニングラード大学の偉大な哲学者の遺産のあらゆる種類の研究や分析の基盤としての役割を果たしているが、不幸なことに、まだカント全集のアカデミー版(王立プロイセン科学アカデミーの発行したカント全集)を入手できていない。

博物館の蔵書の大部分を占めるわが国で出版されたカントについての研究書は、ますます数が増える一方である。言う

郵便はがき

恐れいりますが
切手をお貼りください

248-0005

神奈川県鎌倉市雪ノ下3-8-33

㈱ 銀の鈴社

『哲学ルポ
　カントは今、ロシアに生きる』

担当 行

ご個人情報につきましては、お客様のご意見・ご要望への回答ならびに銀の鈴社書籍・サービス向上のために
用させていただきます。なお、頂きました情報につきましては、個人情報保護法に基づく弊社プライバシーポリ
ーを遵守のうえ、厳重にお取り扱い致します。

りがな		お誕生日		
名前（　・女）		年	月	日
住所　（〒　　　　　　） TEL				
mail				

この本をどうしてお知りになりましたか？（□に✓をしてください）

書店で　□ネットで　□新聞、雑誌で(掲載誌名：　　　　　　　　　　)

知人から　□著者から　□その他(　　　　　　　　　　　　　　　　)

★ Amazonでご購入のお客様へ　おねがい★
本書レビューをお願いいたします。
読み終わった今の新鮮な気持ちが多くの人たちに伝わりますように。

ご愛読いただきまして、ありがとうございます

今後の参考と出版の励みとさせていただきます。
(著者へも転送します)

◆ 本書へのご意見・ご感想をお聞かせください

◆ 著者:板生郁衣さん、L.A.カリニコフさんへのメッセージをお願いいたします

※お寄せいただいたご感想はお名前を伏せて本のカタログや
ホームページ上で使わせていただくことがございます。予めご了承ください

▼ご希望に✓してください。資料をお送りいたします。▼

□本のカタログ　□野の花アートカタログ　□個人出版　□ 詩・絵画作品の応募

までもないことだが、非常に完成度の高い部門は、1974年のカント生誕250年祭の後に出版された書物や論文である。たいていの著者は、自分の署名入りで贈呈してくれる。

　第1回Kant Readings（1974）は、いろいろな理由で重要だった。すなわち、初めて、哲学者カントの墓に公然と花が手向けられたのである。以来、毎年、カント霊廟に花輪を手向けるのが伝統となった。最初は、カント博物館に関連した熱狂的なファンや熱烈なサポーター、それにカリーニングラード大学の哲学科の教授のみ、年1回の式典に参加した。今では、カントの追悼記念式典に、数百人の市民が参加するカリーニングラード市全体の文化的な行事となっている。

　にもかかわらず、最初の記念すべきKant Readingsは、実のところ、何の明白な理論的成果ももたらさなかった。カントについては、マルクス・レーニン主義の通説的な観点に立った講演だった。外国から来た講演者は誰一人いなかったし、当時の社会主義国からさえ出席していなかった。カリーニングラード市が、外国人に対して完全に閉鎖されていたからである。Kant Readingsの影響は、別の分野で見られた。第一に、カリーニングラード・カント思想学派を生み出したことである。あり合せのスタートだったから、カント哲学の専門家は言うまでもなく、哲学史の専門家も誰一人いなかったが、1981年までに、カリーニングラード大学は、初めてカントを専門とする教授を雇い入れた。今ではカント研究に従事する教授は4名いる。

　第二に、カリーニングラードに新しいカント哲学センターが設立されて、他の文化的なセンターに影響を及ぼし、そしてそれがカント哲学の研究をさらに発展させることに寄与した。

　第三に、このことが、カリーニングラードそのものの文化的な生命のターニングポイントになったことである。カリー

ニングラードの市民は、自分たちの街の過去にあったケーニヒスベルクに注意を向けたのである。物事の糸口を見つけることは素晴らしいことである。どんなに好ましからぬ政治的な環境であろうとも、カリーニングラードの市民は、人類に捨て去る権利はなく、また忘れることのできないケーニヒスベルクの天才的な卓越した人物を救済する過程で、二つの強力で独創的な文化——ロシアとドイツの文化——を統合する遠大な準備を可能にする強力な文化的背景を発見した、と私は考えている。

1977年にすでに第2回Kant Readingsが開催された。範囲は狭かったが、私たちの辿った道は正しいものだった。Grinishinは、体力を作り上げた後に休むなんてことは決してしないとよく言っていた。第2回Kant Readingsの時に非常に積極的だったのは、ウクライナ・ジョージア・隣国のリトアニアやベラルーシからきた哲学者だった。第1回と第2回のKant Readingsの間に、専門的な内容の書物の出版も始まった。最初、それは「イマニュエル・カントの理論的遺産の問題」と呼ばれた。そこに収められた最初の書物は、記念祭の翌年の1975年に出版された。その後1976年に途切れた。

我が国の教育機関は、監督省の共産党の許可無しには何も出版する権限がなかったことは心に留めておくべきである。省の許可に加えて、出版には、the State Committee on the Affairs of Publishing Houses, Polygraphy and Book Trade（出版社・作家・書籍業界の業務に関する州立委員会）の承認も必要とした。カントに捧げた収録が、出版に2年を要したのは不自然だっただろう。N. G. Chernyshevsky（1828～89）あるいはV. G. Belinsky（1811～48）のような公的に容認された定評あるロシアの哲学者に捧げた専門的な定期刊行物の出版さえ、ひとつもなかった。ヘーゲルの哲学は、当局に公的に承認された哲学的特性をもっているのに、彼に捧げ

た出版物でさえまったくなかった。

　そして再び、Grinishin教授は非常に組織能力に長けた人物の証明をしてみせた。1976年の間に、彼は不可能なことをなんとかやり遂げてしまったのである。即ち、the State Committee on the Affairs of Publishing Houses, Polygraphy and Book Tradeは、カリーニングラード大学による毎年1回のKant Collection（カント関係の新作を収録）の出版決定を承認したのである。1981年の第6号から、どちらかというと長ったらしい呼び名のWoprosy teoreticheskogo naslediaImmanuel Kanta（英Problems of Immanuel Kant's theoretical heritage：I. カントの理論的遺産の問題）は、短い名称のKant Collectionに取って代わった。これは、私が編集委員の学術秘書だったときの最終号となった。（第7号から、私は編集長になった。）1977年以来、Kant Collectionは毎年1回出版され、これまでにすでに16号まで出版された。

　Kant Collectionの発行部数は多くない。通常は700部から800部だが、その数は、わが国でカントの理論的遺産に関心を持つ人々の数とざっと同数である。カリーニングラード自体で、200から250名ぐらいの顧客（読者）があり、他は（特にモスクワ大学やサンクトペテルブルグ大学の）哲学科の学生はもちろんのこと、ほとんど全国の哲学者たちである。Kant Collectionは、わが国でまさに今日まで続いている、他に類を見ない出版物である。一つだけ類似しているものがあるとすれば、Einstein Collectionかもしれないが、その出版物は理論物理の問題に貢献している。

　カントによって提出された問題にあれこれ関心を抱くカリーニングラードのすべての人にとって、カント派学者の活動に関する出版物を入手できることは魅力的である。その他に、Kant Collectionは、最も偉大なケーニヒスベルク市民の（理論的）遺産に関するディスカッションによって、より広

い関心を生み出している。事実、このような刊行物の必要性が生まれてきた。今日の読者は、書物の刊行が遅いのではないかと憂慮し始めている。通常、カント研究者への＜クリスマスギフト＞という形で年末に刊行される。カント・コレクションのほとんどあらゆる書籍は、哲学的な雑誌で論評される。

1981年、カリーニングラード大学は、リガ（訳者註：ラトヴィア共和国の首都）で開催の『純粋理性批判』(1781)の200年記念に捧げた国際的なシンポジウムの準備と運営に参加した。リガはこの祝祭の準備のために計画的に選ばれた。というのは、カントの在世中に出版された『純粋理性批判』の8版のうち4版までが、まさにリガで出版されたからである。そのうえ、第1版（1781）と第2版（1787）がリガで刊行されたからである。

第3回Kant Readings（1984）は、カント生誕260年記念の時に合わせて、過去10年間の体系的な研究成果のまとめとなった。カリーニングラードの人々の前にカントが初めて＜出現＞の時以来、重要な変化が起きた。カリーニングラード市の新聞が、次回のKant Readingsについての情報を掲載したり、年間8000人から1万人の観光客や学童や工場労働者が小旅行でカント博物館にやってきたり、カリーニングラード大学の学生たちが、博物館で開かれるカント哲学に関する講演に参加したり、言語学の学生が翻訳に取り組んだり、歴史学の学生が博物館のコースを実際に歩いたり、という具合である。

カントはひとりの人間として、私たちの前に徐々に生き返ってきた。今ではたびたび、カリーニングラードの人々は誇りをもって、国内の他地域からやってきた訪問者をケーニヒスベルクの思想家の墓へ案内して、「カントは理想主義の哲学者です」のような学校で習った単なる決まり文句や、カ

ントは一度もケーニヒスベルクを離れたことがなかった、カントを見るとケーニヒスベルクの人々は時計の針を正しく合わせたという情報にとどまらず、カントに関してもっと多くのことを語れるようになっている。

　しかし、この10年間の「カントの現象」と命名したことの特別な意味は、哲学者カントの遺産全体についての再評価が始まったことと結びついている。この遺産の研究は、マルクス主義の大家やV. I. レーニンが抱いていたカントへの見解を、望もうと望むまいと、修正しなければならないような知的な深さと微妙な面を露呈した。もちろん、このことを率直に公然と行うことはこれまで不可能だった。いろいろな種類の悪知恵に頼ったり、イソップ物語の中の皮肉なことばや粋な部分的な文をもちいなければならなかった。従って、1981年のリガ国際シンポジウムにおける私の講演は、「カントの不可知論の特徴について」と題して行われたが、講演の真髄は、カントの霊的認識論の概念における不可知論の欠如の論証にあった。私は、カントが、人間の知識の相対性と主観性に由来するヒュームの懐疑論から、必然的な結論を引き出せることを示そうとした。同時に、人間の知識の客観性の積み重ねも指摘した。経験の領域は、物自体の世界を犠牲にして、すべての可能な経験の総計として、不偏的に広がっているからである。カントが、物自体の世界から、私たちに対してあるモノの世界へ完全に移行する可能性としての絶対的な知識を拒絶するのは、まったく別の問題である。

　かつて破門扱いだったカントの超越論（批判哲学）の深遠かつ積極的な意味を発見した調査研究が、いまや出版された。カントのこのような考え方において、ア・プリオリズム（先験主義）は、それほど怖いものではなく、理性的な瞬間が生じて、そしてまったく実在論的に知覚されることが明らかにされた。

第3期の、決定的な、カントが故郷の街に全面的に復帰する段階は、1985年から86年にかけての＜ペレストロイカ＞（建て直し：露Perestroika）の時期と同時に始まった。もちろん、ペレストロイカそのもののように、カントの復活の過程は継続的ではなかったが、従来の時期に比べればずっと活発に発展している。あらゆる点において、二つの条件が完遂されたなら、カントは故郷に帰ってきたと言えるだろう。第一の条件は、ある晴れた日に、Ch. Rauchによるカントの銅像が、新しいカリーニングラード大学（以前は神学部があったところ）の正面にある元＜観兵広場＞（Paradeplatz）のかつての台座に帰ってくることである。そこは、1945年4月の都市の急襲を証明しており、そこからカントの銅像は跡形もなく消え去ったのである。そして第二の条件は、都市が再び正当な名前（ケーニヒスベルク）を回復することである。[註6]

註1：J. G. Hamann,（1730～1788）ドイツのプロテスタントの思想家
註2：T. G. von Hippel（1741～1796）神学・法律を学ぶ。ケーニヒスベルク市長。今も彼の名を冠した学校がある。
註3：G. T. Kraus（1753～1807）カントに師事。ケーニヒスベルク大学教授。カントと散歩も。
註4：K. S. Kollwitz（1867～1945）ドイツの版画家・彫刻家
　　　カウアー、コリンスについては不明
註5：F. W. J. von Schelling（1775～1854）ドイツ観念論の哲学者。自然と精神の同一哲学を主張。
註6：カリーニングラードは、1945年、ソ連最高会議幹部会議長ミヒャエル・カリーニン（M. I. Kalinin, 1875～1946）の名から命名された。

Back To Status Quo Ante「原状に復帰せよ」

　承知のように、形式的な要求は非常に小さいが、偉大な息子がプレーゲル河沿いの都市にほんとうに帰ってくるには、多くの努力と財源を必要とする。主な努力は、新しいケーニヒスベルク市民の間に、かつて旧都市の市民が持っていた文化と同レベルの文化を復活させるよう仕向けなければならないことである。文化は文化的な環境においてのみ栄えるが、環境から始めるのは無益である。文化から始める必要がある。準備する組織的なサポーターたちが身を投じないかぎり、非常に高度に組織化された環境は、しばしばエントロピーの増大やカオス、解体や平易化を育む傾向にある。しかし、それにもかかわらず、文化は前進しなければならない。

　カントとケーニヒスベルクの相互関係の最新の段階は、どのような質的前進を生みだしただろうか。表面的には、ある期間、事態はこれまでのように進んでいるように見える。即ち、過去10年間に始まった一切の事柄は発展し続けている。

　かつてのように、カリーニングラード大学内のカント博物館は、その機能を果たしているものの、手狭な室内に閉じ込められている現状である。読書室や博物館付属の保管場所がないことが、当館に集められた知的財産を有効に活用する上で、いまだに支障となっている。書籍はロシアのみでなくドイツからも送られてくるので、蔵書は特に急速に発展している。図解書の蔵書も増えていて、以前は博物館が所有していなかったカントや親しい友人の旧くよく知られた肖像画も増えているし、カリーニングラードの芸術家による新しい作品も増えている。哲学者カントのイメージに触発されたデッサンや油絵や彫刻は、かなりの芸術家のカリーニングラード・カント派（Kantiana of Kaliningrad）を形成している。

以前のように、Kant Collectionは出版され、ますます一般的になっている。カリーニングラードのカント研究者によって作られたカント体系の新しい解釈は、Kant Collectionの中に見られるし、ロシア全土の哲学史家や哲学者に決定的な影響を及ぼしている。ドイツのマインツ大学カント研究（Kant-Studien in Mainz）は、Kant Collectionをさらに広く公表している。しかし、いまや、編集委員会が不景気停滞（露Zastoy、英stagnation）の年月には知らなかったような、まったく新しい困難が生まれてきているのは本当である。当時（ソ連時代）は検閲の問題があり、幾つかの資料はイデオロギー上の理由でしばしば取り去らねばならなかった者もいたが、財政上の問題は全くなかった。州当局が計画的にきちんと出版物の資金を調達していたからである。今は検閲の制約はなくなったが、他に類を見ない年１回のKant Collectionを出版するための財政的手段もなければ物質的手段もないのである。

　以前のように、Kant Readingsは開催されている。第４回Kant Readings（1988）は、『実践理性批判』（1788）の200年記念に捧げられ、第５回（1990）は『判断力批判』（1790）の200年記念に捧げられた。これらの行事は、ドイツ・ルクセンブルグ・ベルギーから来たカント研究に従事する学者が初めて参加する機会となった。Kant Readingsは、ますます国際的になりつつある。

　最近の進展は、２年に一度開催されるシンポジウムResearch into Kantian Logic（カントの論理学研究）が、カリーニングラード大学の哲学講座によって準備されたことである。このシンポジウムは、現代の論理学の発展を予想して、カントの論理学の思想を用いることに捧げられている。論理学によるカントの原文の分析や、知性の構造と霊魂の構造の妥当性や、＜批判＞哲学を人工知能の構築と知的体系の完成

の問題に適用することに捧げられている。

以前に比べて今では、カント生誕日の祝祭は、さらに広い範囲で、さらによく準備されて開催されており、生花や花輪が哲学者カントの墓に手向けられる。4月22日には、市民たちは終日途切れることなくカント霊廟（独Stoa Kantiana）に出向くし、カリーニングラード大学では今ではカントについての伝統的な講演が広く聴衆を魅了している。事態は以前と変わらないが、やはり1985年という年は、新しい時期の始まりだったと言ってもいいような、新しい特徴が見られた。

第1に、そして、私は非常に重要だと考えるが、カントの思想を普及させる仕事には、目的のある、体系づけられた特徴があることだった。最上級のカント協会（Kant Society）が出現した。それは、カントの業績を研究すること、すなわち学術的な調査の結果がとりわけ哲学者や専門家の間で明らかにされることを目的とするのみでなく、カリーニングラードのすべての人々とロシア全体の国民の財産となり得るためにあらゆる可能な方法を用いて、ケーニヒスベルクの思想家の遺産を広く知らしめることをも目的としている。ロシアカント協会は、第5回Kant Readings（1990）の最中に設立された。それには、ロシアと旧ソ連に代わって生まれた他の国々のすべての偉大な専門家やカント研究者が参加した。Kant Societyの会長と評議員が選出された。（訳者註：カリニコフ教授は、初代会長である。）120名余の会員がいる。カント協会はカリーニングラードの市民向けの講演を計画する。協会の会員は新聞やラジオやテレビに向けて記事を書く。「ケーニヒスベルク新報」（The Königsberger Courier）が最初の新聞である。それは、カント協会設立の翌年（1991）に開設された。「カントと私たち」（Kant and Us）の総見出しのもと、カントとその体系についての一連の哲学的な記事がカント協会で出版され始めた。作家Volf Dolgyに率いられ

た編集委員は一か八かやってみた。即ち、潜在的な読者はこの企画をどのように考えるだろうか、世論はまじめな哲学をすぐにも理解するだろうか、という危機感を持っていたのである。だが、実際、心配無用だった。かつてソ連共産党地方委員会の公的機関誌であり、過去にはKant Readingsに関する情報をほんの数行に限っていた新聞Kaliningradskaja prawdaでさえ、今は「ケーニヒスベルク新報」の例に倣っているのである。カリーニングラードのテレビもまたカントに因んだすべての行事やカント協会が計画したすべての行事について広く報じている。そして反響がある。カリーニングラードのいろいろな階層の人たちが、ケーニヒスベルクの人々の中で最も賢い人の思想をもっと十分にもっと深く知りたいとか、いまや中高等学校の生徒たちがカントと彼の哲学について話を聞きたいと依頼してくるのである。そういう訳で、カントとその創造的な業績に関する諸々の講座が、カリーニングラード大学の学部生・大学院生やすべての専門学校に提供されている。

　私の間違いかもしれないが、驚くべき精神的な現象、すなわちカントの必要性が生まれている。

　人間は、世界観（独Weltanschauung）が無くては生きられないし、生きてこなかった。大局観としてのマルクス主義は、人々の意識から徐々に消えつつある。そして、カントとその哲学は、現在の状況において何ものにも代えがたいものである。心にぽっかり空いた穴は、あたかも20世紀の心を動揺させる出来事や大変動を予知していて、救済の道を与えてくれる世界観をもった賢明な人を必要とする。

　第2に、この時期（1985年当時）の主な変化は、新しいカリーニングラードとその周辺を管轄する当局が、カリーニングラードの過去にあったケーニヒスベルクへの態度を、変えたことである。今では彼らは過去を恐れず、過去を根絶する

のではなく、今日の自分たちの社会に起こっている諸々の重要な改革に過去を用いようとしている。地元の公的な組織は、一般大衆の民主的な支持を得て、過去を復活させ、ケーニヒスベルク社会の最高の文化的な要素をすべて同化させることに関心を抱き、そしてできるかぎり多くの過去の文化的な景色を再現したいとの印象がある。

　第一の段階（1945〜74）は、ケーニヒスベルクの景色は物理的に破壊されたけれど、そして第二の段階（1974〜85, 86）は、過去を少しでも復活させたいと願っても、行動としては、単なる話し合いにかぎられてしまったが、経済的困難にもかかわらず、いまや原状復帰をめざす仕事が、適切で必要な手順を経て始まっている。

　カリーニングラード自体、新しい状況にあるのだ。＜カントに還れ、すなわち前進せよ！＞（独Auf Kant zurückgehen, heiβt fortschreiten!）は、マインツ大学教授・国際カント協会（英International Kant Society）会長Gerhard Funkeによるスローガンである。このスローガンはいたるところで、地上のあらゆるところで、話題になっている。ロシアでは、カリーニングラードの何百倍も、大きな話題になっている。

　西欧諸国では多様性の姿勢が優勢であるのに、イデオロギー的な危機にあるロシアの現状では、高潔で偉大な根本的な力で際立っているカント哲学の体系は、現代社会が複雑多岐に変化し続けているにもかかわらず、いま起こっていることを理解し、未来を予測する機会を、私たちに与えてくれる。カント哲学の体系は、現代文明の基礎を形成する確実な原則となる。そしてその確実な原則は、現代のロシアにおいて、より力強く発展しなければならない。

私は次のような10の原則を見出している。

1. 人間は能動的な集団である。自然の世界を創り、創造的な仕事に取り入れた自然の世界を、無限の可能性をもった物自体の世界に置く。
2. 物自体と周辺の状況を創造的に構築するとき、人間は、意識のなかの創造的な特質を用いる。その助けによって、人間は、感覚の直接的な結果ではない実在のモデルを構築し、そのモデルを現実化する可能性を見出す。
3. 人間の自由は、＜定言命法による＞相互の関係のみでなく、＜道徳的－生態学的命法による＞自然を超えた、人間の最高の目的にもとづく自然そのもの、との関係でもあることの承認。
4. 社会の究極の目的としての個人と人権、そして個人自身が最高の目的である社会の承認。
5. 所有物の基本的な形態としての私有財産、そして反独占法の可決による、私有財産にもとづく他の形態をした所有物の発展の承認。
6. 立法・行政・司法の厳密な三権分立と、国民のための国家であり、国家のための国民ではない法律にもとづく国家の承認。
7. 普遍的で不可逆的な平和政策の唯一の条件として、詳細な国際的な統制下における総合的で完全な軍備の縮小の承認。
8. いかなる国の国民も同等に、地上のいかなる地域においても平等の権利を享受する世界市民（a World Citizen）としての個人の承認。
9. 共通の道徳的価値にもとづく普遍的な価値は、社会の精神的な生活の土台である。そのような社会では、全体的な利益は、いかなる階級や団体の利益に属するものであってはならない。
10. 社会の道徳的な完成を履行する重要な手段としての宗教

や教会は、教会と国家の分離を必要とすること、また、良心の自由を必要とすることの承認。

　私の講話は、神が、あたかもまだ完遂されていない願望の実現をカントに託したがっているかのように、哲学者のなきがらを守っている奇跡から語り始める。その奇跡を成し遂げたのはカントである。カントの業績は不滅であり、それゆえ彼自身、自然や時間を超えて永遠にあると考える。そして、カントが不滅であるからには、彼の街は常に生き続ける。ケーニヒスベルクは生きていく。

1992年5月6日
ケーニヒスベルク

2.「1974年以降のカリーニングラードにおけるカントとケーニヒスベルク文化」(要旨)

　ここでは、2002年11月、第27回日本カント学会(於京都大学)の発表に際して、板生郁衣のまとめた要旨によって紹介する。

(1)　面識の段階：1974年～1990年　文化の中心の出現への接近

　1974年、カント生誕250年を記念して、カリーニングラード大学はさまざまな行事を開催した。これらの行事を通して、カリーニングラード市民たちは、偶然にもカントを知ることとなった。そして、市民は、初めて、これまでの自分たちの充足感がどこから来ているのか考えるようになった。戦争被害者の面のみを見てきた自分たちは、＜人間はひとりとして、自分自身の歴史からだけでなく、全人類の歴史からも遊離して生きてはいけないのだ＞と自覚するに至った。
　カントは、もはや大聖堂の北東の角に埃まみれになって穏やかに横たわっているのではなく、土や水や空気が平等に吹き込まれている＜生きた実在＞となったのである。カントが立ち現れたのである。
　1945年に誕生したカリーニングラードは、たかだか50年の歴史。新芽はあるが根っこのない文化である。一方、自分たちの地の下に眠る、1255年以来700年余り続いたケーニヒスベルク文化は、根っこはあるが新芽のない文化である。
　市民がカントを知ったのは偶然かも知れないが、カントが市民たちに果たした役割は、決して偶然ではなかった。なんとなれば、カリーニングラード市民は、自分たちを精神的に支え励し導く人物は、カントを除いて誰もいないとわかった

のである。このような状勢には、ロシア人の特性である柔軟性・順応性によって、同化作用的に和解が働くのである。

　カリーニングラードとケーニヒスベルク、両者はヨーロッパに属している。さらに、インド・ヨーロッパ語族に属しているが、スラブ系とドイツ系に枝分かれしているため、少々複雑である。
　たとえば、世界観の違い、考え方の違いが、寺院・教会の建築の違いに見られる。

スラブ（ロシア）系様式	ドイツ（西欧）系様式
・教会の玉ねぎ型・王冠型のドームは、天と地の統合を示す。 ・ロシア民衆の風習とロシア語の価値、特に、ロシア正教会の栄光を賛美する。 ・ロシア正教会の共同体的性格はカトリック教会やプロテスタント教会よりも優れていると考える。 ・オプシチーナ（農村共同体）に価値を置く。 ・西欧的合理性を欠く。不確実性・不明瞭性は、適応性・柔軟性につながり、和解を生み出す姿勢と考える。	・ゴシック建築に始まる教会の尖塔は、天をひっかくかのようである。妥協を許さぬ直立した人間が、神に挑戦する姿を示す。 ・自然に関して、人間中心主義（人間本位）である。（人間は自然を支配する特権を、神から与えられているとする考え方） ・厳密な明瞭性、明確さや秩序を重んじる。二元的な考え方を重視する。 ・個人主義、利己主義的な価値観を優先する。 ・普遍的文化という概念をもつ。

　このようにスラブ系とドイツ系に考え方の違いはあるものの、宇宙を包み込もうとする無限性（infinity）や寛大なこころ（openness）は、カント哲学の体系に含まれるものである。

(2) 相補う段階：1991年以降の、一方の大衆文化的構造から他方の先験的構造に相互に変化する可能性

　18世紀以来、カントは、ロシアとドイツの精神的な文化を統合させる役割を演じてきた。プラトンとともにカントは、他のいかなる哲学者よりも、ロシアの哲学思想が体系的な理論的統一の特性を得ようとするや、それを決定したのである。言い換えれば、ロシアの哲学者は、西欧の哲学に関心を向け、ロシア文化に固有の性格を明らかにしようとしたとき、たいていのことは、カントに頼った。

＜哲学は文化の真髄なり＞とはよく言われる。文化には、大衆文化的要素と先験的要素が認められる。ここでは、カリーニングラード文化から、大衆文化的要素を剥ぎ取り、そして同時に、先験的レベルにあるケーニヒスベルク文化を浮き彫りにする。

　大衆文化は、個人それぞれが獲得して集合化した文化であるが、ここでは、先験的要素（中核となる精神的要素）をもつ高度なレベルの文化と対比する。

ここにおいて、カリニコフ教授はパラドックスを試みる
　カントは、ドイツ人思想家の中で最もロシア人的である。事実、カントは、普遍的で総合的な体系を創ったのであり、そして、体系の総合的な特性ゆえに、不明瞭に（indefinite）見えて、フィヒテやヘーゲルのような哲学者には見られない大量の解釈を容認してきた。たとえば、次のようである。

「物自体」について

　カント哲学は、ロシアの哲学者の心臓が耐えがたいほど、不明瞭である。カントの「物自体」、それは、実際、決して、全体として私たちに与えられないのであるが、私たちを、絶対的な方向づけのない不明瞭で未完の (unfinished) 世界、永遠の存在へと運命づける。動かないと思えていた壁が、人がそれに近づくに連れて溶け出し、その後には、新しい幻影のスカイラインが希望を与えているとあとで判るような永遠の存在へと、私たちを運命づけるのである。

「定言命法」について

　19世紀末から20世紀にかけてのロシアの神秘主義の宗教哲学者ソロヴィヨーフ (V. S. Soloviyov, 1853〜1900) は、イエス・キリストが神性と人間性の両方を備えたように、人類は「神人」化 (God-mankind) し得ると考えた。それだから、彼のすべての教え子や弟子たちは、「定言命法」の絶対性を喜んでいる。しかし、相対性の欠点を含むのである。「定言命法」に相当する一切のもの、すなわち、理性的生物一般が現実化する場合、定言命法の絶対性を止めるだろう。理性的生物一般は、同時に人間と接触は出来ないからである。私たちの「格率」が最大の普遍性を有したとしても、常に潜在的に普遍性を有していないことを意味するからである。

　カントは、ドイツ人思想家の中で最もロシア人的である。事実、カントは、普遍的で総合的な体系を創ったのであり、そして、その体系の総合的な特性ゆえ、不明瞭に (indefinite) 見えて、そして、普通ではない量の解釈を容認し得るのである。不確実性 (uncertainty) は、ロシア人魂の条件である。すなわち、不確実性は、一方で非常に不可解で (mysterious) あり、他方で適応性 (plasticity) や寛大なこころ (openness)、そして何にでも興味をもつ雑食性の (omnivorous) 根拠である。混沌にもかかわらず、同時に成果のあることであり、創造的な状態をはらんでいる。

カントに注目するジャルケヴィッチ (P. D. Jurkevich) 博士も、妥協を許さぬ矛盾と思える考え方を和解させるカントの能力に驚いているが、モスクワ大学での講演「プラトンの学説における理性と、カントの学説における経験」で、次のように述べている。「カントの学説は、プラトン(理想主義者)とプロタゴラス(相対主義者)を和解させ、ライプニッツ(合理論者)とヒューム(経験論者)を和解させている。そして、それは、我々ロシア人の科学と文化の魂である」と。

このように、カントがロシアに頼ってきたという逆説的な方法で、不確実性は、過去との和解能力、そして同時に、新しい時代を受け入れる能力を生み出すのである。

人間の不完全性・不明瞭性は、人間の長所である。人間には、いかなる制限や障害をも克服しようとする魂の欲求(傾向)がある。このような状況にある人間は非常に幸福である。何となれば、常に地平を拓こうとする可能性があるのだから。無限性の保存は、楽観主義を生み出す最大の恵みである。

(3) 総合的な段階(補足的要素の止揚と、中心構造の複雑性と質的向上)

この段階は、1990年以降の面識の時期 (the period of started acquaintance) に再び相当する。

1974〜90年に、＜カントの出現＞ (Kant's appearance) は起きた。そして、その新しい状況において、ケーニヒスベルク時代の他の文化の創造者たちは、カリーニングラード市

民への道を拓かれた。(訳者註：74頁のカントに続く人を参照)

　カリーニングラード市民をカントの街に馴染ませたのは、人々の意識（自覚）であった。それには大学人たちの多くの努力を要した。数々の講演や新聞記事、ラジオ・テレビなどへの働きかけによって、カントが甦るよう（生命を得るよう）努力した。

　これらの努力を経て、少なくとも西側諸国のジャーナリストたちのカリーニングラード訪問が、エピソード的なものから通常の訪問となった。それは1990年にただちに変わったのである。と同時に、ジャーナリストたちは、カリーニングラード市民が、不思議なほど愛着をもってカントへの一般的な関心を抱いていることを知って非常に驚いていた。

　この事実は、カントが、開かれた歴史の深淵のシンボルとなり、新しい雰囲気の中で、精神的な象徴となり、過去と現在の深い淵に架かる心地よい橋となったことを語っているだろう。

　カリーニングラードとケーニヒスベルク、ロシアとドイツの文化の相互作用や質的向上のために、それぞれの文化に馴染む期間がなくてはならない。

　この時点で、１つの文化から他の文化へ翻訳する者・伝達者の役割が必要である。そのような媒介者は、同時に双方の世界に住み、二重生活によって、自国と他国の間を行き来し、充分に高度なレベルの素養があり、非常に高度な教育を受けた人でなければならない。事態を、誰よりも集中的に取りまとめる人であろう。また、双方の文化に敬意をもっていることが条件であるが、カリーニングラードにおいて、このような環境は充分に整えられた。

具体的には、カント博物館の創設、カント像の再建、1981年の国際カント・シンポジウムにおけるカリーニングラード大学の担当、1990年のロシアカント協会（Kant Society of Russia）の設立である。

　また、1984年、天文学の創設者であり、ケーニヒスベルク大学の著名な教授ベッセル（F. W. Bessel、1784～1846）の生誕200年祭をきっかけに、18世紀のケーニヒスベルク大学とその文化を掘り起こす風潮がより強くなった。

　ケーニヒスベルク大学（Albertina）は、1544年8月17日に、プロイセン公アルブレヒト（Albrecht von Brandenburg-Ansbach, 1490～1568）によって開かれた。それを記念して、1994年8月17日より2か月間、Albertina450年記念祭が開かれた。街を挙げて、そして、他の国から500名のゲストを招いて祝われた。
　カリニコフ教授の「F. W. ベッセルとI. カント」の講演、ハンブルク大学レーブン教授の「将来の法律家にとってのカントの法哲学の位置と役割」の研究発表を始め、学内外の教授たちによるスピーチや本格的なレポートの発表、セクション別のミーティングが全11学部で開催された。
　また、ロシアとドイツの文化交流は、Albertinaと同時代の文化人を掘り起こすことから始まり、カリーニングラード市民と出会うことにつながっていった。
（訳者註：具体的な人物名は、第一章のP. 19～21を参照されたい。）

　文化は、活発な文化と文化が相互に依存する地帯では、常により集中的に発展する。
　東プロイセンは、そのような地帯であった。19世紀まで、

思想の泉は、ケーニヒスベルク大学の深みから飛び散っていた。そこには、東プロイセンの国境を越えるほどに人々が集まり、ドイツ中に広がっていったのである。

他方、多くのすぐれたロシアの芸術家たちにとって、ソ連時代、そしてロシアになってからも、創造的な生活を送るには困難を伴ったため、現在まで長く活動できている人は少ない。

歴史的な人物を掘り起こすと同時に、現代のカリーニングラードの作家J. N. Ivanowは、市民に、この土地の歴史上の複雑な関係を熱心に語った。２つの国家のみでなく、２つの民族の新しくて自発的で兄弟としての統一に務めるべきは、カリーニングラード、すなわち、かつてのケーニヒスベルクなのだと説いた。

実際、カリーニングラードの最高の芸術家の一人Balabajewによるカント関連の４件の絵画や、Bessel, Simon Dach, Hamannなどのレリーフや胸像がドイツで作製されてカリーニングラードで展示されたこと、カントのPortico（柱廊式墓所）にもとづくシンフォニー＜at Kant's Grave＞がコンサートで披露されたこと、ケーニヒスベルクの詩人の作品がカリーニングラードの詩人Sam Simkinの翻訳で出版されたこと、独露協会の公開ミーティングの開催、ドイツ芸術協会の関与の発足、カリーニングラードの学童による＜カリーニングラード地域の歴史＞特別研究班の誕生、カリーニングラード公文書局関連の発足、そして1995年に、街の文化に寄与した人に与えられる＜カント賞＞が設けられた。

ドイツ国内においては、デュッセルドルフ（Düsseldorf）のハウプトマン・ハウス、デュイスブルク（Duisburg）のケーニヒスベルク博物館が創設され、Helmholzに因んだ中等学校の生徒たちが、積極的にカリーニングラードの生徒た

ちと交流を開始した。実は、Helmholzは、生理学者・物理学者の一方、哲学にも造詣が深かった。カント哲学の方法論や霊的認識論（神秘的直観）の思想を、意識的に生理学のみでなく、数学や物理学にも用いたのである。

カリーニングラードにおける、旧ソ連時代の学校の物理学のカリキュラムでは、多様性の可能性を伴うHelmholzの知識は全く必要とされず、無視されていた。長い間、法則、公式や方程式に関する普遍的な事実のみが教えられていた。

1990年以降、カリーニングラードの教育の現場は変わった。カリキュラムは多様性の可能性を持つようになっただけでなく、学校のタイプが変化してきたのである。ロシア最高の古い学校の伝統を復活させた人道主義的中等学校が現われた。そして、科学史や総合的な科学が、カリーニングラードの最先端の教育となった。1994年の春、人道主義的中等学校NIは、Helmholzの記念日を設け、生徒たちは彼の業績を調べて、実証実験をした。また、ドイツのDuisburgの中等学校と生徒間の交流も始まった。ケーニヒスベルクの歴史と文化を伴った復活は、ロシア人とドイツ人の子どもたちにとって生きた現実となった。

1994年の450年記念祭については、街の権威者が、カリーニングラードのみでなく、ロシア全土が経済的困難の中にある時期に開催することを憂慮したのだが、住人の反応は違っていた。———ケーニヒスベルクの歴史では、戦争あるいは群集心理によって引き起こされる「疫病時の酒宴」(a feast in the time of plague（ロシアを代表する国民的作家プーシキンのオペラの題名）の現象にたとえられることが多かったが、カリーニングラードでの心理的な現象は、それとは違っていた。すなわち、建設的だったことである。文化を蘇らせ

ることへの関心は、経済的・社会的に困難な時に、すなわち、社会がまだ絶望的な状態に陥っていず、希望によってのみ生きている時に起こるのである。精神的な力は文化から引き出され、また、精神的な力のみが困難を克服するのに必要とされる。粘り強さと忍耐が必要とされるが、記念祭は将来の苦悶に対する解放と力を与えるものであった。このような現象に関する名称はいまだ無い。社会で考えてほしいが、私は「樽底の蓄え」(bottom-of-barrel reserve) と称したい。

1990年以後、つまり、ソ連崩壊後は、カリーニングラードとケーニヒスベルク、そして、ロシアとドイツの間のバリアーは、ほとんど同時に砕け散った。バリアーは1914年の第一次大戦以来ずっと存続してきたし、20世紀にもずっと存続してきたが、1990年、即刻、このような知己の間柄になれたことは、ただただ驚くばかりであった。

結論

ロシアにおける新しい状況は、ソ連崩壊後、重要である。そのことは、新しい状況の包括的理解や価値や生活のすべてのスタイルの変化の再評価を要求する。

プーシキンの詩歌集は伝統になりつつある。ドストエフスキーの社会はたいへん活発に機能している。ラフマニノフ、ショスタコヴィッチなどに根差す音楽の祭が開かれる。サンクトペテルブルク出身のミハエル・アニクシンの手でプーシキンの彫刻が作られる。サハロフやカラムジンも成果を上げている。これらのエピソードは、ロシアの歴史と文化が、プロイセンの歴史と文化と一緒に歩んできたという独特の興味を抱かせる。

他方、カリーニングラードのような孤立した位置では、文

化の進展は衰え始める。エントロピーは相乗作用によって広範囲に適用される。すなわち、媒体（メディア）の積極的な相互作用を可能にするオープンなシステムによってのみ文化は発展する。
ロシア、非常に深く強力な歴史を持つこの偉大な大陸は、20世紀において、世界から比較的自己隔離していたが、エントロピーの法則が真実であることを示している。

（訳者註：エントロピー（entropy）は熱力学の法則。可逆変化ならエントロピーの量は一定。不可逆変化では必ず増大する。）

　また、精神の分野においても、体系的機構の一般的な原則が機能する。すなわち、他の文化に見られる業績を自国に植え付け、自国の文化的業績を他の国々と分かち合う（共有する）意欲を内包している文化のみ、未来が拓けるのである。

カントの原則は不滅である。
　Handle nur nach derjenigen Maxime, durch die du Zugleich wollen kannst,daß sie ein　allgemeines Gesetz werde.
＜汝の意志の格率が、常に同時に普遍的立法の原理として妥当し得るように行為せよ＞

　もし自国の文化を発展させたいと願うなら、他の国の普遍的な文化、あるいは、普遍的になり得る文化を探し求めよ。そして、それを自国の文化に導入することである。ケーニヒスベルクの文化は無尽蔵である。カリーニングラードは、その最も目に見える特徴に触れたに過ぎない。

3．カントと21世紀

カリニコフ教授の来日時（1999年5月24日～6月5日）、下記の4ヶ所で講演会を開催した。計250名余の出席者があった。（和訳・通訳は板生郁衣）

5月24日（月）東京大学（駒場）人工物センター主催シンポジウム
　　26日（水）東京大学（本郷）環境系大学院講座主催
　　27日（木）東京女子大学哲学部会主催
　　28日（金）東京女子大学OGドイツ語読書会主催　　（財）日独協
　　　　　　　会協賛

　イマニュエル　カントは、17～18世紀にかけての新時代と呼ばれるヨーロッパ哲学史上、絶対的に例外的な位置をしめています。そして、20世紀末にも、そのことを示しており、カントと彼の思想の重要性は、少しも衰えを見せておりません。私は、非常に喜ばしい気持ちでもって、次のように結論を述べたいと思います。すなわち、20世紀末の偉大なロシアの哲学者V. S. ソロビヨフが言っていることですが、カントの現象によって、世界のすべての哲学史は、批判主義以前と批判主義以後、言い替えれば、カント哲学以前と以後とに分けられるということです。また、別のロシアの哲学者であり、言語学者（文献学者）の第一人者であるI. E. ゴロソヴカーは、カントを橋に例えています。そして、すべての今日の思想家は、どうしてもこの橋を渡って、自分の考える諸問題に突き進まざるを得ないということです。私は、ヘーゲル哲学における考え方には、懐疑的であります。すなわち、詩人と同じく、哲学者も、後世の人ほど、先人が到達した地点よりも高いレベルに到達するという（いわゆる、精神の歴史的発

東京大学にて講演するカリニコフ教授。学生は英語で質問していた

カリニコフ先生の講演「カントと21世紀」（於東京女子大学）

展性の）考え方には、懐疑的です。その理由の第一は、後世の誰もが、先人の到達点に登って行き着くなどという成功は、断じてあり得ないからです。第二に、芸術でもそうですが、哲学においても、すばらしく群を抜いて、高くそびえるエベレスト山というのがあって、何人をしても、それに登る天賦の才を持ったロッククライマーを見つけられないのです。が、カントこそは、まさに、そのような巨人、エベレスト山なのです。カント以前の時代から、先験的観念論は、プラトン―アリストテレスの哲学体系だけだと見なされてきました。その、プラトン―アリストテレス哲学は、紀元前4世紀から16世紀にかけてのヨーロッパ人に用いられてきた考え方です。その2000年間の膨大な厚みの時間のなかで、アリストテレスに代わり得る哲学者は出現しませんでした。さて、2000年後に出現してきたカントは、どのくらいの期間、君臨することになるのでしょうか。

　ヨーロッパの思想は、"人間学的回帰"という点で、カントに負うところが大きいです。その人間学的回帰とは、精神の厳格な一貫性と、冷静さでもって、成就されています。カントは、すぐには、理解されえない人でしたし、その名がすぐに聞かれるという人ではありませんでした。が、カントによって慎重に提唱されてきた"偉大なる総合"という体系において、後世の思想家を魅了してきたいくつかの特徴がありました。今や、悲劇的な終末期を迎えている20世紀だからこ

ご尽力いただいた黒崎政男教授（於東京女子大学）

聴講の方々（於東京女子大学）
（左）ナターシャ夫人

そ、現代の哲学者の大勢が抱く世界観（独Weltanschauung）が、徐々に、個人的な特性の度合を強め、カントの権威は増大してきています。新カント学派が、＜カントへかえれ＞のスローガンを掲げていましたが、今、この20世紀において、＜カントへ進め＞（カントを目指せ）のアピールへと移行してきた過程を見ることは、おもしろいことだと思います。

　カントが、彼の哲学における認識論（gnosiology）の根本に、方法論的原則として、"コペルニクス的転回"の名を与えたことは、よく知られているところです。カントの"人間学的転回"にも、非常にたくさんのコペルニクス的転回が含まれています。

In what is a kernel of the "Kantian revolution"?
では、"カント的転回"の要点、核心は、どこにあるのでしょうか。

　カントは、世界の中心に、人間を据えました。それは、言うまでもなく、個別的に据えられた人間を意味しています。カントは、このような人間を経験的主観、超越論的主観、さらには、超越的主観とに区別して扱っていますが——。そして、人間とは、世界に依存しているのではなく、世界が、人間にぶら下がっているのだと考えています。また、世界が原因となって引き起こした結果を、人間が人間の中に見ること

カリニコフ先生の講演
東京女子大学独語 OG 読書会主催
日独協会協賛
(於中央大学駿河台記念館)

を知るのは不可能だが、人間は、人間が原因となって引き起こした結果を、世界が世界の中に見ているのを理解することはできるのです。ですから、世界の始めと終わりについての認識は、人間の中にあるのだと考えています。

　図式的に考えると、カント以前の世界観と、カントの世界観の違いは、次のように比較できると思います。

カント以前の世界観　　　　　カントの世界観
　　世界　　　　　　　　　　　世界
　　自然　　　　　　　　　　　自然
　　神　　　　　　　　　　　　神
　（宗教、教会）→人間　　　　人間→（宗教、教会）
　　社会　　　　　　　　　　　社会
　（民族、地域社会）　　　　（民族、地域社会）
　　国家　　　　　　　　　　　国家

　哲学的体系において、人間学的思想を、厳密に一貫して唱えてきた哲学者は、カント以降、誰もおりません。概して（ふつう）、神とは、ある特定の場を占めており、世界とは、創る側 the naturans (creating) と、創られた側 naturata (was created) とに区分されてきました。そして、人間とは、その創られた世界で、創り出す力をもったものとして、神か

慶応大学グリークラブによる歓迎の合唱披露（於中央大学駿河台記念館）

ら、その可能性を与えられ、神にぶら下がっている存在として認められていました。

あるいは、
　　　　　　　　　自然
　　　　神→人間→社会
　　　　　　　　　国家

　マックス　シェーラー、A. ゲーレン、H. プレスナーの体系とは、上述のようなものです。
　人間学的体系、先験的観念論の体系とカントは呼んでいますが、それらは、（どこまでも）尽きぬ発見の可能性を有しております。ちょっと見た目には、スコラ的—抽象的体系のようですが、その体系が主体に吸収されればされるほど、主体の側の実用的な可能性が開けてきます。ですから、現代人の重要な諸問題はこうなるのだと、18世紀のカントの時代から予知されていた内容と同じなのです。

　カントに沿って述べるなら、A MAN-PERSON とは、それだけで、最終目的なのです。A MAN-PERSON とは、決して、どんな条件においても、単なる手段ではなく、常に、まず第一に、目的なのです。カントの歴史哲学は、歴史の個別化（PERSONALIZATION）の法則、つまり、歴史の発

日本での講演を終えて
カリニコフ先生夫妻と著者夫妻
（右から二人目はロシア人留学者）

展における個別的人間（A PERSON）の役割の増大という法則を内容としています。個別的人間の自由と創造的な力を、絶えず安定して成長させるということは、歴史の仕事です。カントは、人間の本質を、非社交的社交性（UNSOCIAL SOCIALNESS）というふうに見なしています。そして、未来を、この矛盾した"非社交的社交性"の発展と関連づけて捉えています。カント的な見方からすると、社会は、"非社交性"すなわち、個人の自由と、その発展の枠を拡張することに手を下さねばならないということ、そして、個人自身は、最高の福祉（社会的な幸せ）を願う社交性（SOCIALNESS）を拡張し、完全なものにするよう手がけなければならないということです。

　20世紀に生きる私たちは、カントのこのような考え方を通して、何をわかり得るのでしょうか。（ドイツの国家社会主義、ロシアのコミュニズム、日本の軍国主義のような）全体主義国家の構造こそは、個々人の興味、関心を何ら省みずに、人々の社交性を利用しようとする社会の偏狭な抗争であり、それは、また、人格をもった個々の人間の自由な発露としての"非社交性"に対しても、何ら考慮を払うことのない社会の抗争なのです。そのような政治は、失敗する運命にあります。

　20世紀の後半は、人格をもった個々の人間の自由な発露が

懇親会でナターシャ夫人と著者

カリニコフ先生の来日の発案者
右　廣田貞子様（大学の先輩）

非常に大切だということを示しています。

　ここにおける差し迫った結論とは、何でしょうか。何が、21世紀の私たちを、待ち受けているのでしょうか。

　それには、つぎのような三つのことが考えられます。

1　人間の存在（MAN'S EXISTENCE）の個別化、個性化が進むこと。
　家族（ファミリー）を 社会の核、原子（SOCIAL ATOM）として発展していく姿が進むということ。
2　社会的生産と、私的な生活の間の境がなくなっていく方向にあること。
　現在、例えば、創造的な職業にある（CREATIVE PROFESSIONS）人々は、プライベートな場所や時間の境が明確でない。21世紀における新しい活動、仕事のあり方は、そのように変わっていくということ。
　それは、中世におけるギルド（商工業者の同業組合）のような、プライベートなファミリーライフへと移行していくことでしょう。その際、各ファミリーの生産過程は、リモートコントロールによって把握されるということがおこってくるでしょう。
3　あらゆる活動や職業における人間の役割、創造性は、増加の一途にあり、ますます急速な変革を遂げていくということ。

これら三つのポイントは、人間性の"非社交性"のあらわれです。

　4番目として、人間の"社交性"のあらわれがあります。が、"社交性"は、それが、個々人のある特定の感情や興味、関心や趣味の領域へと移行していく中にあります。それは、まだまだ封がされたままの（手つかずのままの）地球規模の個々人との出会い（触れ合い）の共有化です。さまざまな同盟（組合）、社会、クラブ、サロンなどでの出会い、触れ合いの場の重要性は、増していくことでしょう。（今回の板生さん夫妻との出会い、皆様と私との出会いも、この社交性の移行の中で見られるものではないでしょうか。）そして、他の人々に関心をもつということの主たる意義こそ、あらゆる人間の創造的な活動といえるのではないでしょうか。

　一方では、従来の行動や生活習慣や慣習や規範が危機に瀕しており、他方では、個別化された人間の可能性の増大や、相互に依存しあう人間の増大という状況のもとでは、本質的な問題が生まれてきています。
　従来の社会においては、たいてい、予測されていたように事が起こり、それへのあらゆる対策が前もって充分に立てられていたなかで、人は一生を終えることができていました。それに反して、世界共通の半永久的な創造性にあふれた変革の社会においては、二つの対等な（同等な）なりゆき（つまり、出来事とその対策）を、事前に予測しておくことが出来ないという事態に出くわさざるを得ません。
　半永久的な交流の状況のもとでは、伝統的な儀式などは、役にたちません。絶対的な道徳的法則——すなわち、どこでも、いつでも、効力を発揮する絶対的な道徳的法則が必要となります。それには、自分の行動の結果を評価できるのだと

いう、あらゆる人間の自覚が必要だと思います。カントの実践理性の理論は、カント研究者の非常に狭い世界における特殊な知識を一般性を帯びた性質のものにつくりあげて、学校で教えるようにしなければならないと思います。

　カントが残した重要な遺産は、今日の私たちや、21世紀に生きる人々に何を提示しているのでしょうか。

第一の要請：自然は人間によって作られるのであって、人間が自然によって作られるのではないということ。だから、私たち人間は、この表明に責任をもつ必要があります。ロシアの偉大な科学者W.ヴェルナドスキー、――彼は地球化学の創設者ですが――は、20世紀初頭に次のように言っています。人類（人間）は、地球上のあらゆる自然が現在のように変貌していく有様のもとで、地質学上の主たる力と化してしまった、と。生態系の困難な事態を予測して、カントは、自然に関連した私たちのふるまいの格率（MAXIM）を、定言命法（CATEGORICAL IMPERATIVE）として、公式化しています。すなわち、「あなたの意志に従って行動するあなたの格率が、自然の一般的な法則となるかのように、ふるまいなさい」と。

第二の要請：国際的な情勢において、自由、主権、独立国家を達成する手段として、質量ともに、軍備を発展させようとの考えは、自殺行為です。軍備は、その所有者（所有国）の意に反した力となります。軍備は、破壊力の発展であるかぎり、近隣

諸国に対して危険であるばかりか、所有国にとっても危険となるのです。軍備の発達は、世界の人類共通の墓地に"永遠の平和"をもたらす以外、何ものをも解決させはしないのです。

国家の将来と独立にとっての唯一の理にかなった手段は、世界の永遠の平和を達成するための政策なのです。自国の市民としての人間は、同時に、全世界の市民であるという、あらゆる諸国間の団結は、人間らしい生活から、戦争を消滅させる唯一の保証となりうることでしょう。

第三の要請：あらゆる国家の政策は、道徳的な政策（THE MORAL POLICY）でなければならず、政治的な道徳主義（POLITICAL MORALISM）であってはならないのである。

そのことは、大いに、国内の政治と、外交政策に関係しています。定言命法にのっとった政策の一致こそ、道徳的政策のあらわれといえるでしょう。すなわち（カントの言を借りて言うなら）、「あなたの行動の原理は、同時に、普遍的な（全世界に共通の）法則でなければならない」ということです。

残念なことに、20世紀の終わりにあって、政治的な道徳主義は生きています。それは、目的を壊滅させるやり方であって、ユーゴスラビアにおける内戦が、このことを裏付けております。

第四の要請：宗教は、理にかなった宗教でなければなりません。歴史上、たくさんの宗教がありますが、神

は唯一です。その神とは、理論的な意味における、超越的な存在ではあり得ません。神とは、実践的な（すなわち、道徳的な）意味においてのみ、意味があるのです。そして、実践的（道徳的）な意味において、神は、最高の完全性を有した人間性（HUMANITY）を備えているのです。人間学的起源と、その概念の意味するところは、今や、誰にとっても、明白で明確なことでしょう。

遅かれ早かれ、いかなる宗教も、理性的な宗教に行き着くことでしょう。そして、その目的のためには、歴史上の宗教のあらゆる可能性を用いる必要があります。

第五の要請：若い人たちを、現在のためにではなく、未来のために教育すべきです。現実の世界は、若者がそれに慣れるよりも速く変化していきます。だから、教育と学習の主たる内容は、理論であって、現実の一つ一つの事柄ではないのです。方法論的学問、つまり、哲学、論理学、数学が、個々の知識の基礎（土台）になければなりません。道徳的理論については、実際の行動にとって必要であると、すでに、言われてきています。

今や、すでに明らかなように、21世紀とは、カントを象徴して（カントを意識して）過ぎていくことでしょう。カントは、いらいらする気質ではありませんでした。カントは、歴史とは、急いで進むものではないのだということを知っていましたから。

4. 東京大学講義における学生の意見

(1) はじめに

 1999年5月26日、東京大学大学院 新領域創成科学研究科 環境学専攻 人間人工環境コース 人工環境学大講座における板生 清教授の講義の一環として、ロシア・カリーニングラード大学教授・ロシアカント協会会長のカリニコフ先生による「カントと21世紀」の特別講演を実施した。
本講演をもとに、同コース・人間環境学大講座メディア環境学分野研究室に所属する修士1年の学生4名が、「カントと21世紀の環境学」のテーマで、45頁のレポートを作成した。以下に、ダイジェスト版で紹介する。

このレポートは四章立てになっている。
・第1章では、人工環境学特別講義として、講演をしていただいたロシアカント協会会長のカリニコフ教授の講演を理解するにあたり、必要と思われるカントの概念をいくつかピックアップして、阿部功治が概説している。
・第2章では、カリニコフ教授の講演をまとめながら、教授が指摘した点についての詳説、それに対する批判・論点を、舩越高樹が担当する。
・第3章では、桜井照国が、講演に登場したカントの概念を踏まえ、人間人工環境学コースとの関連性を、私たちが所属するメディア環境学の視点を中心に述べる。
・最終章では、新領域創成科学研究科が提唱している「環境学」と人間人工環境コースの研究に言及しながら、新領域における「学融合」の必要性と「思想」の必要性、さらに環境学の課題について、加藤光がまとめた。

なお、執筆者4人は、哲学についてはまったくの無学であり、誤解、曲解等多分にあると思うが、その分を差し引いてお読みいただければ幸いである。

学生の名前は、阿部功治、桜井照国、加藤光、舩越高樹である。

講演後カリニコフ教授ご夫妻を囲んで (於東京大学・本郷)

最前列着座左より 板生清教授 カリニコフ夫人 カリニコフ教授 板生郁衣 保坂教授

(2) 講演「カントと21世紀」から

＜カリニコフ教授の講演より＞
　今や、すでに明らかなように、21世紀とはカントを象徴して、(カントを意識して)過ぎていくことだろう。カントは、イライラする気質ではなかった。カントは、歴史とは、急いで進むものではないのだということを知っていたのだから。

　カント哲学は現代を生きる我々にはいささか古臭く、複雑化した現代社会の諸相を読み解いていくための概念装置としては、不十分であるという印象を抱いていた。カント以降に発達していった近代諸科学は、おそらくカントの予想していたそれとは、だいぶ異なったものになっていったに違いない。しかし、今回のカリニコフ教授の講演を通じて、カントの指摘に触れ、カントの指摘がいまだに新鮮さを失っていないことに気づかされ、驚かされた。多少もれ出てしまう点もあったが、カントの設定した判断枠組みが、現代社会を覆う、諸問題のたたき台として、十分に有効性を保っていることに気づかされた。

　だが、我々はここでさらに重要な問題点に気づく。それは「なぜ250年も前に唱えられた理論が、いまだに新鮮さを失わずにいるのか」という点である。それは即ち、我々は、近代諸科学は、カントの示した概念や理念を達成できず、何の問題点も克服できていないということを示している。

　カント哲学の持つ理念は、おそらく「絶対的に」正しいのであろう。カントが求める道徳主義を念頭にした人間像・社会像・世界像は我々にとっても魅力的である。それ故、いまだに新鮮に感じられるのだろう。しかし、我々人間は、絶対的な存在などではなく、むしろ相対的な存在なのではないかという指摘が、最近は多くなされるようになってきている。相対的であり、刹那的な存在であるからこそ、絶対的なるものを求めてやまないのである。その究極的なものがカント哲学である、と言ってよいだろう。

　今世紀を通じ世界各地を実験場として多くの人々を巻き込み、行われた社会主義や共産主義。この大実験を通じて人々が求めたものは、絶対的に幸福な社会の建設であった。だが実際に彼等が求めたのは、カリニコフ教授の言によれば、「道徳的な政策」ではなく「政治的な道徳主義」であったのだろう。カント的に言えば、それらイデオロギーが持つ法則や方法が定言命法的ではなく、自然法則に合致していなかった。故に当然の結果として、大失敗に終わった。ここで我々が目を向けなければならないのは、実験の結果ではなく、絶対的なる理念、概念そして真理と呼ばれるものを追究する際、どういった事態が引き起こされるのかということである。その結果生み出された不自由さ、不安、不幸、惨禍・・・。

　浅田彰はつぎのように述べている。
「20世紀は歴史の激動の時代、戦争と革命の時代でした。19世紀に引き続いて、歴史の運動が地球全体を覆い、一つのクライマックスに達した時代だといっていいでしょう。
　その背景には、一神教に代表される超越的な原理によって、世界を理解し制御するという見方がありました。とくに近代ヨーロッパでそれが世俗化され、科学技術に基づく自然支配という形をとった。その結果、科学技術の進歩と経済の成長によって、かつてないほどの豊かさが実現された。しかし、その一方で、自然の収奪や破壊が進むと同時に、社会の内部でも不平等や矛盾が激化し、その上で戦争と革命が繰り返されたわけです。

（中略）

ここで私たちはもういちど歴史を踏まえて反省する必要があります。一つの「主義」に基づいて世界を理解し制御しよう、起源から目的に至る物語にそって救済を求めようとする欲望こそが、20世紀の恐るべき悲劇を引き起こしたのであれば、そのような「大きな物語」の虚偽がすべての人々の前に露呈されたことは、むしろ喜ばしいことではなかったか。私たちは、歴史は終わったというシニシズムに居直るのでなければ、新しい「大きな物語」を求めるのではなく、別のところに21世紀のヴジョンを求めていかなければならないでしょう。（Document "LIFE" a ryuichi sakamoto opera 1999 より）

ここでいう「大きな物語」にはもちろんカント哲学はあてはまらない。カント哲学とは、それらの全てを包みこみ、全てを超越した存在である。故に、直接カント哲学が近代の悲劇を生み出したなどということはなく、そんなことを言うつもりもない。しかし、そういった「大きな物語」の基礎概念として、部分的に曲解され導入されたことは否定できないだろう。カント哲学を引用し、人間こそがこの世における究極の目的であるとし、それを基準にして真理を求めるという作業は、こういった危険性を孕んでいるのだということを忘れてはならない。

ここでもカント哲学は、人間が定言命法に従い、自然法則にかなった格率をもとに行動をとるならば、我々が直面している諸問題はおのずから解決に向かうと我々に語り掛けるだろう。だが本当にそれは可能だろうか。人間を中心とした概念は、我々人間はあくまでもこの地球環境の中での一つの要素でしかなく、他との相対的なバランスを保ちながら生きていかなければならないのだ、ということを忘れさせてしまうような気がしてならない。我々の行動を制限し、義務を課す道徳は、あくまでも人間的な思考に基づいたものでしかない。環境問題を解決し、回復を目指すのだとしたら、我々の思考の範囲を脱し、いや、カントがしたように従来の思考の枠組みを徹底的に批判し、カント哲学を超えるような、新たなるコペルニクス的転回を目指す必要があるだろう。

我々の使命は未来に向け、カントに代わり新たなる「橋」を掛けることである。

(3) カントと「人間人工環境コース」

　カントは、人間を中心とした世界観を唱えた。世界を物事全体として考えたとき、我々が認識する世界とは、我々の目・耳・鼻など感覚器官が捉えることのできる現象の総計であって、我々の感覚が捉えきれないものは、我々の認識を超越してしまっている。ここで、我々が捉えている世界を現象と呼ぶ。我々が対象に対して持つ認識は、それぞれ異なる我々の感覚が捉えた認識に基づいているので、偏向が生まれる。こう考える限りでは真に客観的なものの見方は出来ないと言える。本来客観的なものの見方をできるようにする機能を持つはずの"理性"とは何ぞや、ということになる。

　我々の世界は実際には複雑にしろ、これまでは単純で、つまり熱力学で言う理想気体というような、単純なモデルを解くことで、自然科学の問題を解こうとしていた。もちろん、社会科学の分野もそれに従い、例えば人間による組織を単純なモデル化として把握するという作業があった。これは単純なポイントだけに絞って問題を把握・解決するというおそらくデカルト以来の考え方だ。しかし現在は、複雑系というキーワードが示すように、単純な要素のモデルだけを解いていたのでは（例えば、気流や天気の問題は、複雑に影響を及ぼしあい、影響を及ぼされたものがさらに影響するという複雑さをもっている）解けない問題が様々に出てきた。現代の社会はデカルトの「人間中心主義」から、自然環境の一つの存在にすぎない人間という考え方、パラダイムシフトが起こりはじめているのだ。我々の社会が、宇宙船地球号と表現される、つまり資源の希少性のために閉システムと考えねばならなくなったということが一つの大きな理由である。宇宙船では、エネルギーの核となる水素、食料などが希少で、つまり数に限りがあるため容易に使うことができない。もはや数十年後には100億人になるのではないかという地球では、人類全体から見てその資源は宇宙船の中にいるように貴重なものとなった。

　その中で持続可能な社会を考える、また複雑になりすぎた人工物と人間・自然環境の関係を考える必要が高まった。貴重な資源をどのように保全・運用するかを考え、またそれをどのように学問化するか、それが人間人工環境学である。暗中模索の未生の学問である。カントの考え方からは何が得られるだろうか？

　上述の「人間を中心としたデカルト的世界観」は、現代の環境学をめぐる潮流としては、むしろ世界を中心として考え、その中に含まれる人間という認識にパラダイムシフトしている。環境ホルモンしかり、生態系の破壊しかり、人間中心に世界を構築していったのでは、思わぬ落とし穴に落ちてしまう。この考え方では、カントの「現象と世界という区分」が、意味を持つだろう。つまり、人間を中心としたシステム設計は、現象のみを考慮するため、現象からはみ出た影響は、どのように働くか分からない。化学調味料を、特に今のところ問題が無いからといって使用していると、近い将来ガンになったり、胎児に影響があるなど何らかのしっぺ返しが起こるかもしれないのである。

人間と人工物にかかわる環境を考えてみると、「物理環境、エネルギー環境、情報環境、産業環境」に区分できる。この 4 つは例をあげればきりが無く、つまり学問としての範囲がそれだけ広いということである。それぞれの環境がどのような関係を構築していくべきかを研究していかねばならない。

現在、人工物と自然と人間の三者が形成してきたトライアングルのバランスが質・量共に崩れてきている。産業革命以降、急速に人工物を製造してきたことで、人工物は人間と自然に次ぐ第 3 の軸として成長してきた。もちろん、自然が突然変異によって遺伝子の変異や未知の病原体の発生といった形で人間に新たな影響を与えているのも事実であるが、人工物によって私たちの生活する環境そのものに影響が与えられていることは言うまでも無い。我々は人工物を作るが、人工物に覆われた世界からも影響を受け、また、人工物を作る過程で得られた外部不経済を被ることもしばしばである。
　いかに、社会全体のコストを下げていくか、が環境学の白眉と言えよう。

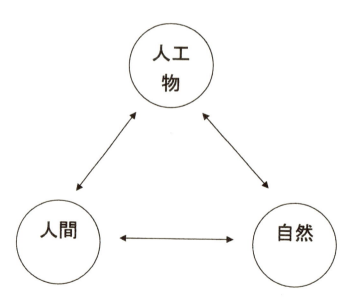

出典：板生　清著『ネイチャーインタフェイス』
創刊号　2001.4

(4) カントと 21 世紀の環境学

この章は「カントと 21 世紀の環境学」の最後の章となる。ここでは、私たちの所属している新領域創成科学研究科（以下「新領域」と省略）が提唱している「環境学」と人間人工環境コースの研究に言及しながら、新領域における「学融合」の必要性、さらに環境学の課題について吟味したい。

私たちの所属する新領域の環境学専攻は、以下の三点を念頭に置いた研究を主眼としている。
1：<u>人間、環境、科学技術の三者の新しい関係とその構造を実現</u>
2：<u>人間を取り巻く環境を自然・文化・社会という観点から解析</u>
3：<u>総合的な施策を講じ、将来の人間と地球環境の健全性のための</u>
　　　　　　　　　　　　　<u>政策立案及び技術開発に必要な教育・研究を行う</u>

それぞれの項目において、以下の三点を論じたい。（註：ここでは、1：学融合に関して取り上げる）
　　1：学融合の必要性・思想の必要性
　　2：人間中心主義の再考・「環境」の捉え方
　　3：環境学は実学か？

学融合の必要性・思想の必要性

　まず、私たちが所属している人間人工環境コースにおける「人間、環境、科学技術の三者の新しい関係とその構造を実現」と関連して、「学融合の必要性」と、その中でもカリニコフ教授が講演中に挙げている「思想」との学融合の必要性について考えたい。

　環境学専攻の研究領域の大前提として、「本専攻においては、個人を取り囲むという環境の原点に立ち戻り、環境に関するあらゆる問題を総合的に教育・研究する」ということが専攻紹介のパンフレットに明記されている。環境学専攻の設立の背景に際して挙げている三つの課題の 2 点目に「人間の総合的視野の必要性」が挙げられている。この総合的視野のパラダイムの一例として、
「社会環境⇔文化環境⇔人工環境⇔自然環境」の 4 つのパラダイムを提示している。

　環境学専攻においては便宜的に 5 つのコースに所属し、個々の専門分野から新たな解決に至ろうとしている。私たちの所属する人間人工環境コースでは、先に挙げた「社会環境」「文化環境」「人工環境」「自然環境」の中で人工環境を扱うことになる。そして、第三章で触れられているように、人間と自然、そして人工物という三者の関係を考えることを念頭においている。もちろん、三者の関係を考えることも必要だが、個々の要素も吟味していく必要があると考える。となると、人間、自然、人工物という三つの変要素のそれぞれについても考察を加えなければならない。

　前章では、「人工物と自然と人間の三者が形成してきたトライアングルのバランスが質・量共に崩れてきている」と指摘されている。このトライアングルの一角である「人工物」という第 3 の軸が成長してきたことが人間人工環境コースの設立とも深く係っている。今までの工学主導の研究は「人工物─自然」の問題に主に焦点が当てられてきたように感じる。しかし、人工物の問題を考えることの必要性が高ま

っているとはいえ、人間の心や精神の問題といった人間の内面の問題を念頭から外しがちである。もちろん、認知工学やマン・マシンインターフェイス、ヴァーチャルリアリティー空間など、人間と人工物とのインターフェイスの問題を扱っている研究領域もコース内に設けられており、人間の認知や行動といった内面的な問題を考慮に入れた研究が行われている。ただ、技術発展論的な文脈で考えるとどうしても人間を「人間機械論」的な機械のアナロジーで捉えたりする傾向に陥りやすい。仮にそうでなくとも、人間の精神や思想と人工物としてのマシーン、そして自然との関連性というのは考慮の対象に入っていなかったことがほとんどであろう。このような観点から、環境の主体としての人間についての吟味・考察も必要であると考える。具体的にいえば、「環境専攻の理念」の図でいう「人間の生き方・思想」に当てはまる部分である。

まとめ【環境学は「闘う」学問である】

当たり前のことかもしれないが、学問を行う以上論争が起こるのは不可避である。ましてや、学融合の理念の下、様々な領域をプロパーとしてきた人々が集い、新しいものを作り出そうというプロセスにおいて論争が巻き起こらないのは不思議なことである。その点では環境学は「闘う」学問であるといえる。その一方で、協同作業が必要不可欠になる。ここで提唱している「環境学」の領域は壮大な分野に亘るため、一人でそれを網羅しようとするのは不可能に等しい。その点で、先人の研究を踏まえ、また（良くも悪くも）それぞれの領域が生み出した遺産を共有することも必要である。
学融合の観点からもそうであるし、地球環境問題を解決するという点からも通じる。

カントの時代でも、同好の者たちがサロンに集い、昼餐が催され、彼らの非社交性に社交性を与え、互いの創造性を交錯し合うことにより、新たな文化を築いていった。しかし、そのような互いの非社交性に社交性を持たせることができたのは、上流階級に属する、ごく限られた人々に過ぎなかった。一方で今我々が築きつつあるネットワーク社会では、それとは比べられない規模での、非社交性のための社交の場が用意され、ネットワーク環境に接続することさえできれば、誰でも、新たなる社交場での交流の機会に接することが可能なのである。

（コンピュータ）ネットワークという環境の発想は、ヒエラルキー構造をなくすことに目的がある。しかし現実、この直面した自然環境問題を解決する技術はごく限られた人間しか持ち得ていないし、ましてやそれらを開発していく人間は僅かである。たまたま、私も含めた環境学専攻に所属している私たちは、そうした数少ない機会を与えられている。そうした機会を大切にしたいし、これから環境学専攻の門をくぐる人々にもそのことを認識してほしいと思う。

我々が所属する新領域創成科学研究科は、終末的とも言えるほどに深刻化している現代の環境問題・人口問題・社会問題等に対処すべく、従来の理科系・文科系学学部学科の枠を越え、学融合の理念の下、新たに設けられた学科である。従来の学問的枠組みは強固であり、特に理系・文系の垣根は易々と超えられるものではない。今後我々はその垣根を突き崩し、新たなる方法論を模索していく中で、困難な問題に悩まされていくことだろう。そのような状況下の我々第1期生が、今回、全ての近代科学に通底する理念を打ち出したカント哲学に触れることができたのは、非常に意義深いことであろう。我々もまたカント哲学の橋を渡り、未来を見据えていくのだ。

(5) おわりに

　カント哲学という崇高で難解なテーマを前に、執筆者4人は頭を抱えた。
阿部は工学部出身、桜井は社会工学部出身、そして加藤と舩越は社会学部を卒業し、本研究科へと進学してきており、互いに背景とする学領域は異なっている。ゆえに、今回カント哲学を元に、これから我々がめざすべき道について議論し、語りあう機会を持てたのは、互いの学領域の策定する判断枠組みから、十分比較検討が可能であるという点では意見が一致した。

　このレポートを書くにあたり、まず、カリニコフ教授の講演資料の検討からはじめた。しかし、己のあまりの無知に徒労し、それを補わんばかりとカントの概説書を読んだが、それにしたがって、これまたカント研究者の解釈の違いに戸惑い、レポートを「書く」という作業は困難を極めた。安易な批判は、カント哲学の前には何の意味ももたらさない。しかし、短期間にカントの言わんとしていることを学び、理解するということは不可能である。よって、このレポートを通読すると、曲解・誤解している部分が少なからずあることに気が付かれると思う。また、カント哲学を扱うにしては、我々4人は未熟であり、十分にロジカルに批判を加える能力を身に付けていない。今後この4人がどのように学習を進め、能力を身に付けていくか、温かい目で見守り続けていただければ・・・、と願ってやまない。

カリニコフ先生のレクチャー
「カントと21世紀」
（於東京大学・本郷）

カリニコフ先生と東大院生の懇親会

資料
カリニコフ教授の原文

1. Kant in Kaliningrad
2. Kant and the Königsberg Culture in Kaliningrad after 1974
3. KANT AND THE XXIST CENTURY

Leonard A. Kalinnikov

1. Kant in Kaliningrad

Kant and Königsberg! The two names have been inseparably connected with each other in the consciousness of an educated person for two hundred years already. The city and its hero even appeared in this world together: in Kant's birth-year, 1724, three isolated settlements were amalgamated to form one town — Königsberg.

In August 1944 and April 1945 Königsberg was turned to ruins, to a stone desert, and from 1946 the very name of Königsberg disappeared from the maps: it was renamed Kaliningrad by decision of the Soviet government.

But an incomprehensible thing which it is impossible to call anything but a miracle has occurred: thousands and thousands of times the grave of the great philosopher might have disappeared from the face of the earth together with the town — but it still remains standing firm.

The first miracle happened in August 1944, when in spite of the raid of the British bombing aircraft the tombstone portico, raised by the Königsbergers on the occasion of the 200-year anniversary of the philosopher, remained standing on its porphyry pillars.

The second miracle happened in April 1945, in the days of the assault of the Russian troops, when only bullets scratched the marble, but neither shells nor bombs touched Kant's portico.

And the third miracle occurred when the members of the town's Party-dominated administration did not dare do away with the ruins of the cathedral and the portico, in the same way as the walls of Königsberg Castle had been blown up.

Today the walls of the war-ravaged cathedral are still standing, and alongside them there is Kant's immortal portico.

One may think Providence itself took care of it and is still doing so, as if basing the rebirth of the city on the great philosopher. It is the second time in the town's history he is called upon to form its cultural world.

The first time was in the second half of the 18th century, when Königsberg was attracting talents from all over educated Europe: Fichte and Karamzin moved there, Herder and Hoffmann had grown up there, the talents of Bessel and Kleist had been revealed there; if we were to continue this list, we would finish it with such figures as D. Hilbert or K. Lorenz.

Naturally the results of this kind of situation are unique and cannot be repeated, yet even now Kant is able to contribute to his city by turning it into a centre where everyone can feel a citizen and help to create such a high-level environment to allow the best bases of German and Russian culture to be synthesized. With great satisfaction we can say that in changed circumstances Kant is going on with his noble mission.

***

In the history of Kaliningrad during the last fifty years one can distinguish three stages when the philosopher, so to say, came back to his city. The first period lasts from April 1945 to 1974 and is the longest of the three. The second period goes up to the beginning of »perestroika«, its chronological boundaries being the years 1974 to 1985 or 1986. The third and for the moment last, stage started in 1986 and has been going on even since.

Before I start characterizing each of these stages I would like to give my own symbolic definitions of them which, to my mind, reflect their very essence.

In my lecture on the same subject made at the Ostsee-Akademie Travemünde (1991), I used the word »Phantom« to characterize the first stage. There is something frightening and romantic, something mystical and vague in this term, though my »Phantom« has never been anybody's ghost and has never frightened anyone. As a matter of fact, its exact meaning for the first period may be reflected in the expression:

Kant as a Thing in Itself

This is the most important tenet in Kant's philosophical system, a position in which he himself turned out to be, with the difference that he did not have even an effective influence upon the public in that complicated situation. This tombstone portico was so isolated in its location against the northern wall of the dilapidated cathedral that even its shadow never disturbed the vicinity. Existing in itself and for itself, an object of this kind fits Hegel's definition.

The Party-state authorities established in the town (for almost 40 years these were headed by the First Secretary of the Kaliningrad Regional Party Committee, CPSU, N.S. Konovalow) convinced the townsfolk that Königsberg in its past has been the so-called »hornet's nest of militarism« and the worst enemy of Russia, that the real city's history only started with the April assault of 1945, that all the remains of the Königsberg past should be levelled to the ground and the new socialist town – Kaliningrad – must spring from these ruins. This propaganda, skilfully based upon the feeling of hatred of everything German, which appeared as the result of the fascist invasion and four years of the most terrible patriotic war against it, exerted its influence on the semi-educated people.

Kaliningrad had a status of closed town for most of this period. Entry into the town for Soviet people, for tourists for example, was very strictly limited. As to entry of foreigners, it was out of the question up to 1991.

Naturally, cultural life in an isolated context was hardly brilliant; in addition it was severely controlled by the disproportionately large official ideological machinery. As regards institutions of higher education, there was a small pedagogical institute; later on the Military Educational Institutions were opened in the city. Their existence had hardly any effect, for as they were all boarding-schools, the students were isolated from the citizens, and besides almost no humanities were included in the curriculum.

The attitude of the so-called authentic Marxism that has grown into a veritable Leninism was always hostile to Kant, in spite of the fact that Kant is the forefather of classical German philosophy which itself was the mightiest theoretical source of Marxism itself. When everywhere in Europe the slogan »Back to Kant« became increasingly important, and it had been transformed into the slogan »Let's supplement Marx with Kant« among the European social-democrats (in Russia the slogan was supported by the so-called legal Marxism), V.I. Lenin and the left-wing social-democrats of Leninist obedience declared war on Kant and various neokantian trends.

Leninism had to struggle with Kant on one more ideological front no less dangerous for Leninism: it was necessary to eliminate the influence of the indigenous Russian philosophy which was progressing rapidly, with the impetus coming from V.Solovjew, who was followed by many other world-famous talented scientists, such as N.Berdjajew or P.Florensky,...All these schools of thought originated from Kant, basing themselves upon him, disputing against him, but all the time holding him in their mind's eye.

In the middle of the thirties an interest in Kant was implanted into the bottom of the souls of the few surviving thinking people ensuring the survival of the philosophical culture. Like the mythical bird Phoenix reborn from the ashes, the interest in Kant was revived immediately during the short years of the »thaw«. The collected works of Kant in 6 volumes, including practically all his basic writings, were published thanks to the efforts of Prof. V.F. Asmus, A.V. Gulyga, T.I. Oyserman from 1963 to 1966, an extremely short period for Russia. In these years we read the prophetic words of J. Golosovker, who by some miracle had survived in the Stalin *Gulag* and who then managed to publish a remarkable book, *Dostojevsky and Kant*: »Wherever a thinker starts from and wherever he goes to on his philosophical road, he has to cross the bridge whose name is Kant«.

Yet it is only in nature that a wave, once it has started, sends its ripples to the farthest periphery, in a society this law does not work: the wave of interest in Kant started in the capital remained within the limits of Moscow, so that the remote western province felt practically no movement.

Nevertheless, it would be wrong to say that the public mood in Kaliningrad was absolutely passive. There was a certain latent conflict between the lifeless official spheres on the one hand and the most active part of the society – the young – on the other. This conflict came to a head in winter 1967, when it was evident that the authorities were going to blow up Königsberg Castle. While the intellectuals of the city tried to express their protest in the national press, but did not find any support or encouragement in Moscow, the students went to a protest meeting at the walls of the »Schloß«, posting pickets dispersed by the militia. Some people were expelled from the University (from 1st January 1967, the Teacher training Institute had been reorganized and had become the University). I myself was then a junior scientific assistant and had been living in Kaliningrad for about a year; I supported the mood of the protest among the students and took part in the meeting. That might have been the end of my scientific career, as for this sin and other faults I was nearly expelled from the CPSU.

Most probably, the conflict about the »Schloß« prevented a much greater cultural vandalism, for it did prevent the authorities from blowing up the remainder of the cathedral and razing Kant's grave to the ground. The city authorities did not put obstacles in the way of those who tore off the wrought-iron railings protecting the portico and used them as a fence round their private dwelling-house.

During all that period, Kant was the object of attention only once: instead of the gratings that had been torn out, some chains were stretched between the pillars of the portico. The thing was that on his way to visit England, N.S. Chruschtchow was to pass through Kaliningrad. It did not even occur to the city authorities to try and find the long-lost gratings; they evidently had no idea what condition the monument of universal culture was in and did not care either. In the same way they used to pay no attention to the destruction and defiling of other German cemeteries.

And indeed, Kant in his native town turned out to be a »thing in itself.« The second period in the history of Kant's relation with Kaliningrad which, as had been mentioned above, lasted from 1973–1974 to 1985–1986, I shall call

The Phenomenon of Kant

I would like to make some comments about the meaning of this title too. The term »phenomenon« has various connotations. Without doubt, here it is designed to refer us to the world of the philosophical system of Kant himself, and to correlate this second period with the former. In addition I should like to direct the reader's attention to its connotation of process; I am using this term here not in the sense of the thing given to us, but in the sense of the process of revealing, of manifestation itself, of formation in the more obvious thing.

Wondering over this rather unexpected and, one would think, accidental Kantian phenomenon in front of Kaliningraders, one begins to see that there is an essential distinction between the officially organized spiritual life and that of the people's souls. For official life there was Kant within the limits of *Stoa Kantiana*, but the citizens, feeling the old city's stones under their feet, looking at the bicentenary trees, the remains of forts and city gates, were impregnated with the interest in the past in the way a dry grain, absolutely lacking in vitality, at first sight is impregnated, preparing for a new life. It was not an interest aiming directly at the particular figure of the great citizen of the old town, but as it turned out that there was nobody but Kant who was destined to rise from the ruins of Königsberg's past, people focused their minds on him. Königsberg started revealing itself through the figure of Kant. The latter helped Kaliningrad to regain at least two hundred and fifty years of its Königsberg history. It was the first break into the past, making it easier for the followers. Along the road pioneered by Kant it was easier for Hamann, Herder, Hippel, Kraus, Hoffmann, Bessel, Hilbert, Cauer, Kollwitz, Corinth – all those who used to be the pride of Königsberg, to meet with Kaliningraders.

As always happens in history, Kant's revelation was due to a lucky chance or, to be more exact, due to a succession of chances.

The first chance was the 250th anniversary of Kant himself 1974. *Unesco* declared this year to be the year of Kant! In response to this declaration the *Presidium of the Academy of Sciences* of the USSR set up a *Kant Anniversary Committee* which, in a letter to Kaliningrad University, asked for information about how the city was going to celebrate this anniversary!

It should be pointed out that for every scientific and other educational institution all over the country, documents issuing from the *Academy of Sciences* were as valid as governmental decrees. But the Head of the University (at that time Prof. A.A. Borisow) could hardly take any initiative without permission from the Regional Party Committee who had always ignored government orders and instruction, if they clashed with the interests of the Regional Committee itself. The Head of the University knew only too well that Kant's name was banned. The Committee would be against any anniversary arrangements:»If they want, let them celebrate any anniversaries in Moscow, Tbilissi and even Ulan-Ude, but not in Kaliningrad!« Disobeying the Committee for the Head of the University meant giving up his own career. The best course in this kind of situation was to ignore the Academy inquiry completely. A hint to a wise man is sufficient.

It might have ended there, but the second chance interfered. Prof. D.M. Grinishin happened to have the chair of philosophy at that period. He was aware of the document from the *Academy of Sciences*. Being an adventurer at heart, rather ambitious and not a stranger to scheming, Grinishin realized that he could benefit from the whole situation. He was not a professional philosopher, though he had the chair of philosophy. As far as I understand, this caused a great inner feeling of discontent and dissatisfaction, leading to the complex of discrepancy, which has been rarely mentioned by psychologists. Organizing a conference dedicated to Kant and giving a talk on the subject was the way for him to achieve a proper place among the philosophers of the country.

D.M. Grinishin was not scared by the Party ban on Kant commemoration even on such an extraordinary occasion. Being on friendly terms with some members of the *CPSU Science section* in Moscow, he managed to obtain a letter from the Party Central Committee addressed to the Kaliningrad authorities suggesting that they should organize Kant celebrations in Kaliningrad. Disobeying the instructions of the Party Central Committee was impossible. It was the first time that Kaliningrad remembered Kant.

All these events took place during the autumn and winter 1973. It was agreed that in April 1974 a conference dedicated to Kant's anniversary would be held at the University, and a museum of the great philosopher would be created there. During that time the representatives of the *Kant Jubilee Committee* came to Kaliningrad twice. The first time it was Academician T.I. Oyserman (then a corresponding member) who represented the *Institute of Philosophy of the Academy of Sciences* of the USSR. The second time Prof. I.S. Narsky represented a then highly authoritative establishment – the *Academy of Social Sciences* which depended on the Central Committee of the CPSU. Their support was extremely important, as both these scientific institutions had obtained certain specific rights and powers.

There were no people specializing in Kant at the University at all, but without the participation of local specialists, the only motive that would have prompted to hold the all-Union Kant Conference in Kaliningrad would have been the fact that Kant was buried there! The absence of speakers on the part of Kaliningrad University would have revealed the accidental nature of the whole affair. That is why the third chance was my willingness to give Prof. Grinishin theoretical support, for I had come to know Kant's ethics and aesthetics very well by that time. While working on my thesis I had concentrated on the problem of moral ideal, which I considered as hypostatical personification (sc. moral ideal of a person) of the Universal Moral Law – categorical imperative, and in the same way as hypostatical model (sc. moral ideal of society) of this Law, represented as the »kingdom of aims«.

Because of its Kantian character I found myself unable to defend that first thesis of mine for four long years, though I tried to do so at the Universities of Nizhny Nowgorod, Jekaterinburg. I defended my thesis at the *Institute of Philosophy of the Academy of Sciences* (USSR) only at my fourth attempt in 1969!

However, from autumn 1973, D.M. Grinishin and I started preparing a talk on Kant's philosophy of history for the coming jubilee. Grinishin was a success reading the paper at the conference; it was subsequently published by us (in co-authorship) in the monthly *Philosophy Sciences* (1974, No 6).

The *Jubilee Conference* took place in April 1974. Later on it was called the *First Kant Readings*, for all the other events, which followed from it were called *Kant Readings*. The main proceedings were preceded by a conference of the undergraduate and postgraduate students of the philosophical faculties of Moscow and Leningrad Universities. About 150 philosophers from all over the country took part in these *Readings*. At the plenary meeting, besides the paper read by Grinishin, speeches were made by Academician T.I.Oyserman, Prof.I.Andreeva, Prof.A.Gulyga and Prof.G.Tevzadze.

Simultaneously with the *Kant Readings* the *Museum of Kantian Studies* was solemnly inaugurated in the University building at the old »Paradeplatz«. The museum was decorated with the busts of Kant, Fichte, Schelling – the gifts from the delegates of the Institute of Philosophy.

Kaliningrad sculptor I. Gershburg made an original sculptural portrait of Kant, showing the Königsberg professor in the 1790s, when he was giving his last lectures at the University. Old age has distorted the features of the genius that were once finely shaped, and the sculptor does not flatter his model, but the dignity of the personality that had absorbed hosts of worlds apart from ours is immediately obvious to the onlookers. There were also bas-relief portraits of K. Ber, G. Kirchhoff, F. Bessel, G. Helmholtz.

But the main property of the museum are the books, first of all the works by Kant himself. By the time the museum was inaugurated it had a fairly large collection, though far from complete, of the translations of Kant into Russian. The tradition of this kind of translations is already more than 200 years old. The most generous gift of translations for the museum is from S. A. Snegov's private library. Snegov, a famous Kaliningrad science-fiction writer, had been collecting books for his library and had fortunately managed to keep them in spite of the Siberian *Gulag*s and other hardships all throughout his life. Among the books that have been presented by him to the museum there is Kant's treatise *Zum ewigen Frieden*, translated into Russian (M.,1905). I myself presented the museum with the translation of *Kritik der reinen Vernunft* by N.O. Lossky (St.P.-b., 1907) and the translation of *Kritik der Urteilskraft* by N.M. Sokolow (St.P.-b.,1898). Generally speaking,the whole book collection of the museum is a gift from the intellectuals of Kaliningrad, from other cities and from abroad.

We are also proud of some editions that were published in the time of Kant. For example, as soon as the museum started functioning it was presented with the first edition of *Kritik der reinen Vernunft* by Prof. Esin-Volpin (Riga, 1781). The gift of the third edition of *Kritik der reinen Vernunft* (Riga, 1790) in Kant's lifetime has come to the museum from Gräfin Marion von Dönhoff (Hamburg). It is a quarter of the editions of this book in Kant's lifetime, which ran to eight in all.

Unfortunately, the museum still has not got the *Academic edition* of the complete works of Kant (*Kants gesammelte Schriften, herausgegeben von der Königlich Preußischen Akademie der Wissenschaften...*), though the museum library serves as the basis for all sorts of research and analysis of the heritage of the great philosopher in Kaliningrad University!

The largest part of the book-collection of the museum are the increasing number of works about Kant published in our country. It goes without saying that the most complete section is the collection of the books and articles published after the anniversary of 1974. Most authors send the museum autographed presentation copies of their works.

The first *Kant Readings* were significant for one more reason: for the first time flowers were publicly laid at the philosopher's grave; since then it has become a tradition to lay wreaths at Kant's memorial every year. At first only some enthusiasts and ardent supporters from groups around Kant's museum and the chair of philosophy of the University took part in the annual ceremony. Nowadays Kant's Remembrance Day ceremony is a city-wide cultural event in which hundreds of people take part.

Nevertheless the first jubilee *Readings* of Kant did not really bring any tangible theoretical results. Kant was interpreted by the speakers from the point of view of Marxist-Leninist orthodoxy. Not a single speaker from abroad was present, not even from the then socialist countries, as the city was absolutely closed for foreigners! The effect of the *Readings* was in a different sphere. Firstly, it gave birth to the *Kaliningrad Kantian School of Thought.* Starting from scratch, without a single specialist in the history of philosophy, to say nothing of specialists in Kant's philosophy, by 1981 Kaliningrad University had the first professor specializing in Kant; nowadays we have four professors engaged in research on Kant.

Secondly, the establishment of a new Kantian centre in Kaliningrad started exerting its influence upon other cultural centres, contributing to further development in the research on Kant's philosophy.

In the third place, this was a turning point in the cultural life of Kaliningrad itself: Kaliningraders turned their attention to the Königsberg past of their city. Breaking the ice is a great thing. Having begun with the eminent figure of Königsberg's genius whom mankind has no right to dismiss and cannot forget, however unfavourable political circumstances might be,the Kaliningraders had discovered a mighty cultural background whose redemption and processing is, to my mind, capable of providing a far-reaching synthesis of the two powerful and original cultures – Russian and German.

Already in 1977, the *Second Kant Readings* took place. Their scope was smaller, but the way we were following was proved to be the right one. D. M. Grinishin used to say it would never do to rest after building up one's strength. At the *Second Readings* the most active were the philosophers from the Ukraine, Georgia, the neighbouring Lithuania and Byelorussia. In between the *First* and *Second Readings* publication of the specialized collection also started. At first it was called *Woprosy teoreticheskogo nasledia Immanuila Kanta* (Problems of Immanuel Kant's theoretical heritage).The first book of this collection came out in 1975, the year after the jubilee. Then, in 1976, there was a gap.

It should be borne in mind that educational institutions in our country had no authority to publish anything without the permission of the ministry whose authority they came under. In addition to the ministerial permission, publication had to be sanctioned by the *State Committee on the Affairs of Publishing Houses, Polygraphy and Book Trade.* It would have been unnatural for the collection devoted to Kant to publish for two years running. There was not a single specialized periodical publication dedicated even to officially acknowledged native philosophers such as N.G. Chernyshevsky or V.G. Belinsky. There was no such publication devoted even to Fr.Hegel, although the character of his philosophy was approved of by the official authorities.

And again D.M. Grinishin proved to be a person of great organizing abilities. During 1976 he managed to achieve the impossible: the *State Committee on the Affairs of Publishing Houses* approved the decision that Kaliningrad University would publish its *Kant Collection* annually. From the 6th issue in 1981, the rather cumbersome name *Woprosy teoreticheskogo nasledia Immanuila Kanta* was replaced by the shorter *Kant Collection*. This was the last issue when I was the scientific secretary of the editorial staff (starting with the 7th book I became the editor-in-chief). Since 1977 the *Kant Collection* has been published annually, already 16 issues have been published so far.

The circulation of the collection is not large: as a rule 700 to 800 copies, but roughly as many as the number of people who are interested in the theoretical heritage of Kant in our country! In Kaliningrad itself, there are about 200–250 customers, the others are philosophers from practically all over the country as well as students of philosophical faculties (especially of Moscow and Sankt-Petersburg Universities).The *Kant Collection* is a unique publication in our country right up to the present time. The only possible analogy might be with the *Einstein Collection,* but that publication is dedicated to the problems of theoretical physics.

The availability of the publications of the *Kantian movement* attracts to Kaliningrad everybody who, in one way or another, is concerned with the questions raised by Kant. Besides, the *Kant Collection* generates broader interest with its discussions on the heritage of the greatest Königsberg citizen. In fact, a need for this publications has been created. Today the readers start to worry if the book is late! As a rule it is published at the end of the year, in its way a »Christmas gift« for Kant researchers. Almost every book of the collection is commented on in the philosophical magazines.

In 1981 Kaliningrad University took part in the organization and running of the international symposium dedicated to the bicentenary of *Kritik der reinen Vernunft* in Riga. Riga was selected for the organization of this jubilee deliberately, for of the eight editions of *Kritik der reinen Vernunft* that were published in the lifetime of the philosopher, four were published precisely in Riga; moreover the first (1781) and second (1787) editions were published here.

The *Third Kant Readings* (1984), timed to coincide with the 260th anniversary of the philosopher, are a summary of the organizational and research work of the previous decade. Important changes have taken place since the moment of Kant's first »appearance« before Kaliningraders. The city's newspapers carry information about the next *Kant Readings*; eight to ten thousand tourists visit the Kant museum yearly, excursions of schoolchildren and factory workers come to the museum, the students of the University attend the lectures about Kant's philosophy there, the philology students are engaged on translations, the history students pass through the museum's practice course.

Kant as a person has gradually come alive for us. Very often now Kaliningraders proudly take visitors from other regions of the country to the grave of the Königsberg thinker and are able to tell them a lot more about him than the mere phrase learned at school: »Kant is a philosopher-idealist«, and the information that he never left Königsberg, and that Königsbergers used to set their clocks to the correct time by him.

But the particular meaning of the name *The Kant phenomenon* for this decade is connected with the beginning of the reappraisal of the whole of the philosopher's heritage. The study of this heritage revealed such intellectual depth and such subtleties that, whether one wanted to or not, one had to revise the views on Kant the Marxist classics and V.I.Lenin had held. Of course, it was impossible as yet to do this outright and openly; one had to resort to different kinds of cunning, use stylistic elements of Aesop as well as irony. Thus my lecture for the 1981 Riga International Symposium was given the title: *About features of Kant's agnosticism*. But the essence of the lecture consisted in the demonstration of – the absence of any agnosticism in Kant's gnoseological conception. I tried to show he was able to draw the necessary conclusions from Hume's scepticism derived from the relativity and subjectivity of our knowledge, but at the same time pointed out the accumulation of its objectivity, since the sphere of experience is undeviatingly expanded at the expense of the world of things in themselves, as the totality of all possible experiences. It is quite another matter that Kant rejects absolute knowledge as the possibility of total transition from the world of things in themselves to the things for us.

Investigations were now published where the profound positive sense of Kant's transcendentalism, which had formerly been anathema was discovered. It was revealed that apriorism is not so terrible, that rational moment takes place and can be perceived quite realistically in this idea of Kant.

The third, conclusive, period of the total return of Kant to his native city started simultaneously with the period of »perestroika« in 1985–1986. Of course, like »perestroika« itself, the process was not continuous, but it is developing more actively than the preceding ones. For all intents and purposes, it will be possible to say that Kant has returned home when two conditions have been fulfilled: in the first place when one beautiful day the statue by Ch. Rauch returns to its former pedestal on the »Paradeplatz« in front of the new University (the former Theological faculty), where it witnessed the storm of the city in April 1945 and whence it disappeared without leaving a trace;[*] and in the second place, when the city will again recover its legitimate name.

Back To Status Quo Ante

As you can see, the formal requirements are quite small, but the real return of the great son to the city on the Pregel will require a lot of efforts and resour-

---
[*] The statue returned to its pedestal on June 1992.

ces. The main efforts must be directed at the renascence of a cultural level among the new Königsberg citizens, similar to the one the citizens of the former city had. Culture only flourishes in a cultural environment, but it is useless to start with the environment, it is necessary to start with the culture. Very highly organized surroundings often have the tendency to foster the growth of entropy, chaos, decomposition and simplification, if the supporters of the organization do not invest themselves in them. But culture must advance nevertheless.

What qualitative advance has the latest period of reciprocal relations between Kant and Königsberg generated?

On the surface, things seem to be going on as they have for some time: all the things started in the last decade continue developing.

As before, the University's Kant Museum does its work and it is getting cramped in its present premises. The lack of a reading-room and a depository attached to the museum still obstruct the effective use of the intellectual capital collected here. Since books are coming in not only from Russia but also from Germany, the book collection is growing especially quickly.

The iconographic collection is also growing, being increased with the old well-known portraits of Kant and his closest friends which the museum did not have before , and the new works created by the Kaliningrad artists. The drawings, the paintings, the sculptures, inspired by the image of the philosopher form the considerable artistic *Kantiana* of Kaliningrad.

As in former times, the *Kant Collection* is published, becoming increasingly popular. New interpretations of Kant's system, worked out by Kaliningrad Kant-researchers can be found in the *Collection*'s pages and exert a determining influence on the historians of philosophy and on philosophers throughout Russia. The *Kant-Studien* in Mainz publicize them more widely. But it is true that completely new difficulties have arisen now, the likes of which the editorial board did not know in the years of »zastoy« (stagnation). Then there were difficulties of censorship and one often had to take away some material for ideological reasons, but there were no financial difficulties: the State was punctual financing the publication as planned. Now there are no censorship restrictions, but there is no money and no material means for this unique annual either!

As in former times, the *Kant Readings* take place. The *Fourth Kant Readings* (1988) were devoted to the 200th anniversary of *Kritik der praktischen Vernunft*, and the 5th (1990) to the 200th anniversary of *Kritik der Urteilskraft*. The participation of scientists engaged on Kant research from Germany, Luxembourg, Belgium in these events was a new moment. The *Readings* are getting more and more international.

Organization by the University's chair of philosophy of the symposium *Research into Kantian Logic* on a biennial basis is the latest development. This symposium is devoted to the use of Kant's ideas on logic with a view to the development of modern logic. It is devoted to analysis of Kant's texts by means of logic, to the application of the structure of the intellect and the structure of the soul, applying the »critical« philosophy to the problems of construction of the artificial intellect and the perfection of intellectual systems.

As in former times, the celebrations in honour of Kant's birthday are held now with a wider scope and better organization, when flowers and wreaths are laid on the philosopher's grave. Citizens uninterruptedly go to *Stoa Kantiana* all day on 22nd April, and in the University the traditional lecture about Kant now attracts vast audiences. Things are very much as before, but there are new features, which allow us to say that, after all, the year 1985 started a new period.

Firstly, and in my opinion most importantly, the work of popularizing Kant's ideas has acquired a purposeful and organized character. A *Kant Society* has appeared, designed not only to study the works of Kant – the results of scientific inquiries are revealed first of all among philosophers and professionals – but to popularize the heritage of the Königsberg thinker in every possible way, so that it can become the property of all the people in Kaliningrad and of the citizens of Russia as a whole. The *Kant Society* was established during the proceedings of the 5th *Kant Readings*. All the great professionals and Kant researchers of Russia and the other countries that appeared to replace the former USSR, joined it. The President and the board of the *Kant Society* were elected. The society organizes lectures for the town people. Its members write for newspapers, broadcast and televise. The *Königsberger Courier* is the first such newspaper. It was established a year after the *Society*. A cycle of philosophical articles about Kant and his system under the general heading *Kant and Us* has started being published in it. The editorial staff headed by the writer Volf Dolgy ran a risk: how will potential readers regard the undertaking? Is public opinion ready to apprehend serious philosophy? Reality has removed all doubts. Now even the newspaper *Kaliningradskaya Pravda*, formerly the official organ of the regional committee of the Party, which in the past limited its information about the *Kant Readings* to some lines, has followed the example of the *Königsberger Courier*. Kaliningrad television also reports widely on all the events associated with Kant and on all events organized by the *Kant Society*. And there is a response: the wish of very different sections of Kaliningrad people to know the ideas of the wisest of Königsbergers more fully and in greater depth. Schoolchildren of grammar and high schools now ask to be told about Kant and his philosophy; the courses of lectures about Kant and his creative work are given to undergraduate and post-graduate students of the University and all the institutes.

I might be wrong, but the surprising spiritual phenomenon – *Necessity in Kant* – has been born. A man cannot live and has never lived without »Weltanschauung«. Marxism as a perspective is gradually vanishing from the consciousness of people. And Kant with his philosophy cannot be replaced with anything in the present circumstances. The gaping void in the souls needs the wise humanity of the Weltanschauung, as if the latter had foreseen staggering events and cataclysms of the 20th century and offered the way to salvation.

Secondly, the principal change of this period is the very recent change in attitude of the new authorities of Kaliningrad and Kaliningrad district to the Königsberg past of Kaliningrad. Now they are not afraid of the past and do not eradicate it, but are trying to use it in those vital reforms that have taken place in our society! One gets the impression that the local official bodies, with the democratic backing of the general public, are interested in the revival of the past, in the assimilation of all the best cultural elements of Königsberg society, and would like to recreate the past cultural landscape as much as possible.

Though in the first period this landscape was physically destroyed, and even if in the second period any action was restricted to mere conversations about a desire to restore something of the past, now the work of restoring the status quo ante is starting, with the necessary adaptations of course, in spite of the economic difficulties.

In the new conditions in which Kaliningrad finds itself: »Auf Kant zurückgehen, heißt fortschreiten!« – a slogan by Prof. Gerhard Funke of Mainz, the President of the *International Kant Society*. This slogan is topical everywhere, in every point of our planet. But its topicality for Kaliningrad, for Russia, is a hundredfold greater.

In the existing conditions, when an attitude of pluralism predominates in the West while there is an ideological crisis in Russia, the system of Kant's philosophy, which is distinguished by its integrity and its great underlying strength, offers us an opportunity to understand what is going on and to forecast the future in spite of the complex and multiple variations of the processes going on in modern society. The system of Kant results in certain principles which form the basis of modern civilization and which must become stronger in the development of modern Russia.

I can detect ten such principles:
1. Mankind is an active force, creating the natural world and basing itself in its creative work upon the unlimited possibilities of a thing in itself, the world.
2. In the creative construction of itself and its surroundings, mankind uses the creative nature of consciousness; with its help it constructs models of entities which are not the immediate results of the senses, and finds the possibility to turn the models into reality.
3. The recognition of man's freedom not only in relation to each other (by means of the categorical imperative) but in relation to nature itself on the basis of the supremacy of man's goals over nature (by means of the moral-ecological imperative).
4. The recognition of a person and of human rights as the ultimate end of society, and of society as the highest goal of the person itself.
5. The recognition of private property as the basic form of property and the development of other forms of property on this basis by the passing of anti-monopoly laws.

6. The recognition of a State based on law, with strict separation of legislative, executive and judiciary powers, with the State existing for the citizens and not the citizens for the State.
7. The recognition of general and complete disarmament under detailed international control as the sole condition of universal, irreversible peace policy.
8. The recognition of an individual as a World Citizen enjoying equal rights in any part of the earth on a par with the citizens of any country.
9. Universal values, based upon common moral values, are the foundation of the spiritual life of a society, where the general interest must not be subordinated to any class or corporate interests.
10. The recognition of religion and church as important means of implementing the moral perfection of society, subject to the separation of Church and State and to freedom of conscience.

***

I began this talk by refering to the miracle of Providence preserving the ashes of the philosopher as if it wanted to entrust him with the realization of as yet unfulfilled wishes. I know it was he who performed that miracle, that his work is immortal, and he himself is therefore eternal, beyond the elements and time. And since Kant is immortal, his city will always survive. Königsberg will live.

Königsberg
6th May 1992

2. Kant and the Königsberg culture in Kaliningrad after 1974

The paper deals with the problem of interaction of cultures within one city. In fact, we speak about the cultures of 2 different cities: one of them is over 700 years old, the other one is only 50 and it exists on the territory of the former. The interaction of cultures is obvious, but the logic of it has not been understood so far. There are phenomena of culture which are easily borrowed and adopted. There are forms of mass culture migrating across the world without any effort. The problem with them is not how to borrow and adopt them, but how to get rid of them. The development of high culture gives rise to many difficulties. Apparently, the fact is that the culture of every *ethnos* is manifold. At least we can distinguish between 2 levels: a transcendental nucleus and an empirical cover. The mass culture functions on the level of the cover and, obviously, operates as the culture of an individual. Its mass character itself is a purely resulting sum of individuals who have adopted it. The mechanism of tearing away of alien elements – traditional nature of any culture – does not see here a threat to the nucleus, and does not come into operation. Something resembling a virus mimicry takes place. The interaction on the level of high culture affects the transcendental nucleus. As it is known, in this case not only adoption meets resistance, but also any innovation cropping up from the depths of the culture itself. We know very many such examples. I proceed with the assumption that the reciprocity on the transcendental level undergoes three stages:1) a stage of acquaintance – (contiguity on the level of nuclei emergence of a problem field);2) a stage of complementary condition, when there is a possibility of reciprocal change from one transcendental structure to another one; and 3): a stage of synthesis, of complication and enrichment of the nucleus structure at the expense of complementary elements.

I shall be guided by this simple model while interpreting the processes of influence of the Königsberg culture on the Kaliningrad one on the town's scale. Their belonging to common European culture, more so – to the Indo-European one, but to different branches of it: German and Slavic – could simply complicate this model slightly.

Why after the year 1974?

Simply because until this significant year – Kant's 250th birthday – Königsberg with its culture had not existed for Kaliningraders, at least officially. This story started here only after 1945.

But people convinced themselves many times that the most hopeless of wars is the war with history. It can be very long but cannot be triumphant. Man is not able to jump out of history, not only from his own, but also from the history of all mankind. Having sprung from one root, as the laws of biology indicate, from united scenic ground, we all play a common drama in world history, which has no other denouement. In search of one's own unique way in history it is impossible to avoid meeting, even going in parallels, not to mention of other courses. The ground does not take people without a historical memory, and if one intends to take root in it, one is obliged to acquire its historical dimension. This principle has always operated all over the world.

Very often it seems to people that they deal with a virgin world from which one may create anything. But the world – were it the natural world or the spiritual world – is able to discredit such self-sufficiency and force it to take it into consideration. For the first time for Kaliningrad and its inhabitants, this property of the world displayed itself in 1974. Kant turned out not to be lying peacefully and dusty at the north-eastern corner of the cathedral, but a living reality, of which the earth, the water and the air itself are impregnated with evenly.

Till this moment one could compare the Königsberg culture with roots without shoots slumbering in the earth and the Kaliningrad culture – with living sprouts, but without roots. – This picture does not suggest optimistic attitude. Here are such properties of Russian culture as its plasticity, assimilative character, skill to adapt itself and accommodate.

Why is Kant here?

Kant turned out to be such a living ferment, such living and dead water of Russian fairy tales which rises from the dead, joining the parts of the bodies chopped off.

His jubilee in 1974 is relatively accidental (– it can be slightly earlier or slightly later –), but the role fulfilled by Kant is not accidental. No other Königsbergian celebrity could possibly fulfill this part. From the 18th century onward he has played the role of a principal associating link between Russian and German spiritual cultures. Together with Plato, Kant, more than anyone else, determines the character of Russian philosophical thought as soon as it starts to acquire traits of a systematic theoretical integrity. And philosophy is known to be the quintessence of culture. Even if we have not paid attention to straight statements of Russian thinkers as regards this, one has only to take one of their more or less significant work and we are convinced that they turned their thoughts to Kant more often than to any other philosophical genius. I should mention the paradox of this phenomenon: Kant is the most Russian of German thinkers. The fact is that he has created the universal synthetical system which, just owing to its synthetic character, seems indefinite and can admit an unusual amount of interpretations, which cannot be said, for example, about Fichte or Hegel. But exactly this uncertainty is the condition of the *Russian* soul: on the one hand making it so mysterious and on the other hand, the uncertainty is the basis of a particular plasticity, openness to all, omnivorousness. For all this chaos is the same fruit-bearing, the same fraught with creativity state. Even P.D. Jurkevich, turning his attention to Kant, marveled at his ability to reconcile seemingly uncompromising contradictory views. »This surprising doctrine reconciles Plato with Protagoras and Leibniz with David Hume, and it is the soul of our science and our culture«, he said in the famous speech at Moscow University: *Reason in Plato's doctrine and experience in Kant's doctrine*. With paradoxical manner the uncertainty gives birth to conservatism, the ability to reconcile with the past and at the same time the ability to take the new, the absence of dread of the new, that has manifested itself, by the way, in the acutest social revolution of past centuries.

The architectural difference between Russian and Western European temples has greatly surprised me as soon as I have seen them with my own eyes. The latter scratches with its spire the heaven uncompromising upright, being the challenge to God, whereas the crowning onion of the Russian temple onion (or cupola-helmet) looks like a flapping tongue of the flame, aspiring to merge with the heavenly fire and light. And when it is painted with cinnabar the onion is similar to a drop streaming down from the sky. The same opposition of strict definiteness and order and diffuse uncertainty turned out a visually picturesque expression. The model of the world has been encoded in the architecture of the church and the difference of the models is very explicit.

But the same openness and indefiniteness aspiring to envelope the universe, is contained and in Kant's system: yes, a man moulds himself and nature by his activity, but the conditions for this are given by the world of things in themselves. Can we simply decide which of the two is more important? Of course, no activity is possible without conditions but and without a working man the activity is also impossible; and we should never have had the natural world in its present forms if the nature of the man had not been like it really is.

The Russian religious philosophy of the end of 19-20th centuries in the form of the most significant trend – the school of all-unity or so-called »sophialogical« school – endeavours to go farther from Kant on the way of synthetical character, uniting philosophy and science with religious belief and art to create quite a specific method of mystic-intuitive penetration in the partition of the world, the point from which the structure of being becomes absolutely transparent, where cognition becomes life and life – cognition. Wl Solovjew named this point: »God-mankind«.

But the point is that when one goes too far off – in fact, he comes back. In our case this is the return to »dogmatic metaphysics« dethrowned by Kant.

Kant turned out even more indefinite than the heart of Russian philosophers could endure. His thing in itself, which in no way and actually never can be given to us as a whole, dooms us to the eternal existence in the indefinite, unfinished world where there is no absolute orientation, where the walls which had seemed immovable before are melting away as one approaches them, and new phantasmal as it will turn out afterwards, skylines are giving hope... Even the categorical imperative, with the absoluteness of which Wl. Solovjew and all his learners and disciples are delighted, contains the flaw of relativity, as all that corresponds to the categorical imperative will stop being such if the reasonable creatures in general will turn out reality, an acquaintance with whom also threatens eternity, since all of them could not contact with us simultaneously. And this means that even the utmost generality of our maxims always remains potentially ungeneral.

How can this situation of life, constantly on the very brink of an abyss be estimated? S. Bulgakow defined it as tragic calling it a »tragedy of man's spirit«, his unability to deal with the actual given absolute truth. The attempts of philosophical geniuses to seize this absolute are futile, their haughty constructions fall down like card houses. And the Lord smiles in condescending manner with his will having deprived us of a possibility to »become as Gods«, »know the good and the evil«, looking from somewhere at the vain efforts, the combined torments of Tantalus and Sisyph.

However, the estimation of situation can also be diametrically opposed. The same openness of being of principle corresponds to the unavoidable inclination of man's spirit for the overcoming of any limits and obstacles, for overstepping every boundaries. The situation in existence for mankind is very happy: there is always a possibility to break through any horizon. The conservation of indefiniteness is the greatest blessing which gives rise to optimism.

But from reflections about the particular nearness of Kant to Russian spirit, it is time to return to Kaliningrad. It was the consciousness of our towns people, 15 years ago, which made themselves familiar with the town of Kant. A lot of effort was required: lectures, articles for the press, radio and television, so that Kant came to a new life. I have written about it in a former article (in: *Königsberg, Beiträge, Bd. I*). At any rate, when visits of Western journalists to Kaliningrad turned from episodical to regular ones (it happened only in 1990), I noticed the great surprise of the journalists at the general interest and even a strange love, from their point of view, of Kaliningraders to Kant. In my opinion this fact is simply explained: he became the symbol of the opened historical depths, the symbol of a new spiritual atmosphere, a comfortable bridge over the abyss between the past and the present.

About the division into periods

The period since 1974, from the point of view of a cultural situation, can conventionally but quite distinctly be divided into two unequal chronological periods. The former is the time from 1974 to 1990 which I have already named (in the former article) the period of »Kant's appearance«. Invisibly

Kant and the Königsberg culture

being present in the substance of which Königsberg and Kaliningrad are created he, Kant, appeared to Kaliningraders on his 250-year birthday as Christ had appeared in the former times. It seemed that a soaring energy had concentrated and started its purposeful action. The creation of a Kant museum, the sequence of Kant conferences following one another (in 1990 there was already a 5th Kant conference), the International Kant symposium in 1981 in Riga, where Kaliningrad university was among its organizers, the search for Kant's monument created in the middle of the past century by the sculptor Ch.D. Rauch and lost at the end of the war (in 1945), and then the great joint work on re-creation of the monument both in Kaliningrad and Germany, supported by the active collaboration of press and television – all this was doing its business.

Growing roots in that new situation he started to pave the way for other creators of Königsberg culture. Therefore this period was the period of the ripening of conditions.

The fact that conditions really began to mature, the climate more favourable to changes, can be testified by the event of 1984, exactly ten years after the potential Kant's jubilee. That year was the bicentennial of Friedrich Wilhelm Bessel (1784–1846). He was one of the famous founders of the new observational astronomy, the most eminent professor at Königsberg university in the first half of the 19th century. The 19th century can be named the »golden age« in the 450-year history of Albertina. By the way, like Kant, he was an honoured member of St. Petersburg's Academy of Science, too. At Kaliningrad university a small but reputable meeting of higher learning, a conference was held. The scientists from Pulkovo observatory, in the fate of which Bessel had played a significant role, from the Institute of Natural History and Technology of the Academy of Science of the USSR, took part in this conference. The memorial tombstone was placed on the observatory hill where Fr. W. Bessel was buried. After Kant, the jubilee of an ideologically neutral astronomer, physicist and mathematician did not cause great difficulties, especially as the organizers were paying much attention to the connections of Bessel with Russian astronomical science and geodesy. The professor of the faculty of mathematics, K.K. Lavrinowich, having made the creative work of Bessel the main topic of his investigation, has lately published the essential monograph about him, which, by the way, has been translated into German. K. Lavrinowich has defended his second thesis on this problem and he was the chief organizer and the driving force of the jubilee. And I took an active part in the jubilee, made the presentation *Fr. W. Bessel and I. Kant* and partially published the proceedings of the conference in *Kantovsky sbornik (Kant's collection)* N10, Kaliningrad, 1985.

Only at the 4th Kant conference in 1988, the first and in the meanwhile the only scientist from FRG took part, – this was a professor of jurisprudence from Hamburg, Jürgen Lebuhn, a former student of the department of law in Albertina. The 4th Kant conference was devoted to the bicentennial of *Kritik der praktischen Vernunft* (1788), and Prof. Lebuhn made the presentation about the place and role of Kant's philosophy of law for future lawyers in Albertina. Up to that moment there were no other contacts with the living bearers of the culture, not only in Königsberg but in Germany, too.

But, as it happens in nature, if a metamorphosis is prepared, then the slightest additional effort is enough to put it to light: a solution is suddenly crystallized. It happened here – the year of 1990 proved to be a turning-point. Events started to move like an avalanche. At the 5th Kant Readings in 1990 already, 10 prominent scientists from Germany were present and the Kant society of Russia was organized. Therefore, I named the period after 1990 »the period of started acquaintance«. The political and ideological barriers separating both Kaliningrad with Königsberg and Russia with Germany crashed down almost at once. Barriers have existed since 1914, since the start of World War I, – as a matter of fact, all along the 20th century.

It can only be surprising with what readiness on both sides this acquaintance has begun.

The period of started acquaintance

One cannot do without a period of acquaintance of cultures in their interaction and enrichment. This is the period of discoveries of other culture's appearances when a multicoloured world is opening to the mental look, when a new dimension is revealing itself. All the new attracts man already by itself, curiosity shows up right away, the mighty mental mechanism, demanding to fit in the new, to include it into the habitual world, comes into operation. Therefore, the period of started acquaintance is the period of the first attempts of explanation, of comparison with the assimilated already, of inclusion in the *Weltanschauung* – the period which needs to be translated into the mother tongue and arrangement in usual forms.

At this moment the presence of mediators, playing the role of the translators, transmitters from one culture to another, is necessary. The translator seems to be living in two worlds at the same time, by a double life, more intensive than all the people surrounding him. He presents in condition of complimentariness him (– here the idea of Nils Bohr is most welcome –) switching from one world to another and back again, from one culture to another. And here not simple knowledge of other language is needed, – it is important that the translator himself was the bearer of a sufficiently high level of his native culture, he must be a man with a very high level of education. With all foregoing circumstances of its fate, Kaliningrad proved to be well prepared for the acquaintance.

Excursus I – in the memorial hall of Kaliningrad university

Already in 1990 Kaliningraders got the first acquaintance with works of a well-known poet of German baroque, professor of poetry and rector of Albertina, Simon Dach (1605–1659), when he would be at the age of 385. The memorial plaque devoted to Simon Dach was made in Germany and came to Kaliningrad. It was the initiative of the founder and leader of *Anke von Tharau's society*, Mrs Maja Ellerman-Mollenhauer, the daughter of the Königsbergian artist-expressionist Ernst Mollenhauer. The society received its name in honour of the famous folk song to the words by S. Dach and music by Heinrich Albert, who was a friend of the poet, composer and organist of the Cathedral. The text of the song was modified by J.G. Herder and the song is now performed to his words, too. A well-known Kaliningradian writer and active public figure, J. N. Ivanow, was the first to help her in all the affair. J. Ivanow was obsessed by the idea of mutual union and peace between Russia and Germany, the dream about the inseparable friendship between our nations. He applied with passionate propagations to audience both in Kaliningrad and in Germany without oversimplifying the complicated relations in history, but ardently believing that lessons elicited and that it is Kaliningrad, former Königsberg, that ought to serve the new voluntary and brotherly union not only of the states, but of the people, Russian and German. His early passing away is a great loss but the continuation and strengthening of the cause, initiated by him, is the best memorial in his honour.

The memorial plaque of S. Dach was delivered to Kaliningrad department of the Russian Cultural Fund which J. Ivanow created and headed. The question arose where to place it. Mrs Mollenhauer wanted to place it on the wall of the Cathedral near which Simon Dach was buried, but the town's authorities did not give the permission to do so. And here I, not without far-going plans, have proposed the university building on the former *Paradeplatz*, brought Mrs Mollenhauer together with J. Ivanow there and showed the supposed place. The decision was taken right away.

This was the first work of art to decorate not a big communicating hall between the east and west wings of Stüler's Albertina building, which became the ceremonial memorial hall devoted to Königsberg university and Königsberg. The students of one of our music schools learned the song *Anke von Tharau* in *Deutsch* (now it is translated into Russian by the Kaliningradian poet Sam Simkin) and they performed it on the day of the unveiling of the plaque.

Since the talk turned to the hall then I shall tell about it in detail now, not to return to this topic again.

The hall was in the vicinity of the Kant museum created by us, and I decided that it must be the beginning of the museum of Albertina itself, and starting with it we needed to turn the whole Stüler's building into the memorial of Königsberg university. This was the only building out of the small number of remaining buildings of Albertina which belonged to Kaliningrad university. With this point in mind I offered one of the eight piers of the hall for the memorial plaque to Simon Dach – the grey polished granite with the bronze bas-relief on it and with bronze letters and figures. The artist presented the portrait of a man very witty and alive, but able to be restrained and calm.

When in April 1992, at the sitting of the academic council of the university, I said that the important date of the 450th anniversary of Königsberg university was approaching, I had already meant to continue the decoration of the hall for the occasion. I addressed the Rector (then it was prof. N.A. Medvedjew) with the request to commission one of the best Kaliningradian artists, Alexandr M. Balabajew, to make four canvases for the four walls of the hall forming the passages. The Rector agreed. The order was made and fulfilled – the pictures occupying their places. One of them represents the old university building on Kneiphof, the second – Kant's house on the Princessinstrasse, the third – the part of Kant's philosophical path by the castle pond, and the last one – the new neorenaissance building of Albertina in full glamour of the end of the 19th century. Three walls were still left unfurnished, but at the present time they are filled up. The second bas-relief, next to that of Simon Dach, belongs to Johann Georg Hamann (1730–1788). In early 1993 – in Marburg–on Lahn at the Herder Institute, the next Hamann's congress was held. I, together with my colleagues, was the guest. The congresses are organized by the *Hamann society*, the head of which is the professor from Regensburg Bernhard Gajek. In my speech at the congress the suggestion to make a bas-relief portrait of Hamann, double to the portrait of Simon Dach and to open the memorial plaque in the jubilee days of Albertina was expressed. Prof. Gajek did his best to organize this. The plaque was created by means of the *Hamann society* and money collected among the residents of Regensburg and Münster. I have sent to Prof. Gajek all the dimensions of the already existing plaque, its photographs, and a young graduate of the faculty of Arts, Birgit Eiglsperger, coped with her task brilliantly.

On the bas-relief Hamann is portrayed with a slight air as if he had to strengthen his human dignity. From his biography we learn that this is a natural state of the proud and independent character.

In the jubilee days of September 1994 with the big concourse of public and correspondents, the plaque was opened. The speeches were delivered by Prof. Renate Knoll from Münster, Prof. Joseph Kohnen from Luxembourg and Dr. Wladimir Gilmanow, a talented young German studies graduate from Kaliningrad university, who devoted himself to the study of Hamann's works. But there was no main hero of the festivities, Prof. Bernhard Gajek: in pre-jubilee bustle he was forgotten, the invitation had not been sent in good time and he had no time to receive his visa. And in Russia the situation with visas is severe.

To say that the heritage of J.G. Hamann has an influence on the cultural consciousness of Kaliningrad means to distort the truth. As a matter of fact, even for a philosophically educated Russian person, his works remain terra incognita; they have practically not been translated into Russian until today. If the translations of Kant's works appeared already in the 18th century and the tradition of such translation is created where the experts are anxious that in translation this or that term can loose its accompanying significances, the very associative-intricate and connotative texts of Hamann have not found their translator up to now. Therefore, with the name of Dr.W. Gilmanow, I connect a hope that the works by the *Nordic mag* become accessible to the Russian man the same way as the works of J.G. Herder, for example, are accessible.

In 1995 the last but one pier of the hall acquired its owner. A well-known student of Albertina, the writer and public figure Theodor Gottlieb von Hippel got a bas-relief too. It decorates the hall on the eve of death bicentenary. This memorial plaque appeared on the light owing to the active efforts of the professor from Luxembourg Joseph Kohnen, the brilliant connoisseur not only of the work by Th.G.v. Hippel, but also of all cultural life of Königsberg, especially of the period of the 18-19th centuries. The state prize which he received was given by Prof. Kohnen to immortalize the name of one of the heroes of his numerous investigations.

In the history of Königsberg, Hippel being an outstanding personality, has played a very important role. He was disposed to an adventurism but he always directed his inclinations for the good of society, not forgetting, naturally, himself. At the same time, Hippel appeared before townsfolk as the noble and active administrator (– he was the model Oberbürgermeister of Königsberg –). A Kaliningradian sculptor, M. Duneman, was commissioned by Prof. Kohnen to portray him. Unfortunately, the work by the talented sculptor was the last one. The creative life in Russia was always difficult, and in Soviet times – especially, therefore there are few among talented Russian people who are long-livers. It happened so that the memorial plaque became a memorial not only to Hippel, but to its creator as well.

And, at last, the memorial plaque of E.T.A. Hoffmann (1776–1822) opened on 220-anniversary days has concluded the decorative design of the hall. It was created by a young gifted artist I. Isajew, and W. Greshnych was the soul of this affair.

Of course, the decorative design of the hall is only the starting point in great work of the transformation of the whole building in Universitetskaya Street (former Paradeplatz) in the memorial of Königsberg university. History is going faster and faster and if it has taken 5–6 years to begin the work, I hope, that it can be completed in 10–15 years. Every affair is advanced by enthusiasm of such people like Prof. B. Gajek, Prof. J. Kohnen, or the artists M. Duneman and I.Isajew, who are ready to work not for profit, but for the sake of a beautiful idea. We have a lot of such people. The more I learn about people the more confident I am when saying this.

As regards the described hall it needs, of course, good parquet floor and a beautiful lustre, as a precious stone needs a setting. The jewel is good in itself but only the setting makes it obvious to all. Nevertheless, one can notice now how the students who are going across the hall raise their heads, their eyes expressing astonishment, and the ancients said that astonishment is the beginning of wisdom.

The events, as I have already written, have developed since 1990 in accordance with the principle of the chain reaction. The centre of them is the university as before, but now it is too small for them and they run out. 1991 marked the 150th anniversary of the death of Johann Friedrich Herbart (1776–1841). In the History and Arts Museum a large exhibition of books and documents from the library of Oldenburg, connected with his activity, was organized. It is known that Herbart was the second professor after Kant's death who, for a quarter of a century, had been the head of his cathedra of metaphysics in Albertina. At this post only professor Ch.J. Kraus had preceded him for a short period. Besides philosophy, Herbart paid very much attention to the problems of pedagogy and psychology, founding the widely known Albertina Pedagogical Seminar. Wilhelm von Humboldt had impelled him to this, who, by the way, had invited J.Fr. Herbart to hold Kant's chair. In Herbart he wanted to see a manager of the school's reform in Prussia in the spirit of J.H. Pestalozzi (1746–1827) and also a reformer of the principles of teaching in Albertina itself in a more contemporary way. Humboldt invited Fr.W. Bessel to Königsberg and entrusted the young scientist to organize the observatory.

In the same year Kaliningrad observed the 215th birthday of E.T.A. Hoffmann. This was the first public turning to the name of one of the prominent writers of Königsberg. Following the example of Kant's Readings, Prof. W.I. Greshnych of the philological faculty, a well-known Russian specialist in the history of literature of romanticism, especially romanticism in Germany, organized and held the Republican scientific conference *E.T.A. Hoffmann in the context of the world culture* in Svetlogorsk (Rauschen). The conference had named E.T.A. Hoffmann in context to the world culture. Prominent scientists from Moskow, Petersburg, Twer, Saratow and other history of literature centres of Russia, translators of Hoffmann's texts into Russian took part in the conference. An all-round study and broad acquaintance with the versatile works by E.T.A. Hoffmann was started. Very soon the work stepped over far more than the walls of the university and it can serve as a good example of how scientists in the processes of intercultural reciprocity often implement the role of original »priming«, the role of impellers. Further the matter starts to advance already on its own, one needs only to coordinate and direct it.

Prof. W. Greshnych prepared the first in Kaliningrad edition of E.T.A. Hoffmann's works commented on them. The above mentioned artist I. Isajew, the beautiful drawer and book illustrator, was enlisted to the edition. The world of romanticism with its handling of mysticism, with free transition and confusion of styles of different epochs, distant from each other in time and space, was especially intimate to the artist. Having modern polygraphic facilities the publishing house *Jantarny skas* printed this book beautifully.

And the musical heritage of Hoffmann the composer appeared before Kaliningraders in various forms, from the chamber musics to such monumental ones as the symphony, or *Miserero*. The performance of Hoffmann's *Miserero* could be considered the triumph of Kaliningradian musicians and, of course, a great success of the organizer of all this, the director of Kaliningrad philharmony Mr G.G. Nasarovsky, who has given to it very much strength. This music is so multiplane and complicated that it requires soloists, chorus, organ, instrumental orchestra and a special cluster of wind-instruments. The enthusiasm was general after that concert. Many various undertakings and projects have been worked out, inspired by the concert.

In June of 1993, the German Brachert museum was opened in Otradnoje near Swetlogorsk where the sculptor had lived for some time. Some of his sculptures adorn this cosy health resort even now. The Kaliningrad Fund of Culture headed by Juri Ivanow furthered the development of interest to the past outside Kaliningrad.

One cannot but also mark the First Hilbert seminar in 1993, which was the part of the 6th Kant conference. The professor of Mathematics from Heidelberg, Peter Roquette, and the prominent expert in the Hilbert works, Moscow university professor H. Smirnowa, were invited to the seminar devoted to the well-known speech of D. Hilbert about the role of Kant in the methodology of science. The D. Hilbert lecture-hall at the faculty of mathematics in which student-mathematicians start their university course and receive their graduation degrees, has been opened. The conference was also marked by the opening of the memorial plaque devoted to Kant. – The 23rd of September – at 3 o'clock, the white cloths were pulled off the big bronze plaque on the place of the former south tower of the Königsberg castle and one can read the immortal words of the conclusion to *Critique of practical reason*: »Two things fill in a soul with the greater surprise and reverence the more frequent and the longer we turn them over in our mind: the starry sky over me and the moral law in me«. The text is given in German and in Russian. The same plaque had already been hanging approximately in the same place since 1924, Kant's birth bicentennial. This plaque is now on the wall of Duisburg's town hall. The text on it is of course only in German.

The memorial tablet was made by the *Königsberg* society. And now, when on my way to the university, I pass by this place at least twice a day I have the chance to observe how people seeing the plaque for the first time stop, read and go along deep in thought.

Let us also mention the famous and versatile scientist and professor of Albertina Herman Ludwig Ferdinand von Helmholtz, whose death was commemorated in 1994. Although he did not find yet his chronicler in Kaliningrad as Fr.W. Bessel found his in Prof. K. Lawrinovich, the event did not remain unnoticed. In fact, H. Helmholtz with his manysided creation had completed the affair begun by Isaak Newton and their names must stand side by side. As Newton is by right an ancestor of the classical science, so the works by Helmholtz were directed to add an integral and completed character to it, to construct a united classical physical picture of the world.

The standard in the Soviet era school programmes of physics courses did not at all demand knowledge of its creators. In physics with its ideas, laws, formulas and equations, universally known facts existed for itself and forever. The situation changed with a possibility to diversity, specialize not only programmes but also the types of school. In Kaliningrad there appeared humanitarian secondary schools, raising the task to revive traditions of the best old Russian schools. The history of science, interscience relations and generalizations have come to the foreground in the natural science courses here. The Kaliningradian humanitarian secondary school N1 organized H. Helmholtz remembrance days in spring of 1994. The pupils made presentations about Helmholtz's works, demonstrating some of his well-known experiments, found the places of the institutes where he had worked, where Helmholtz street in Königsberg was. The connections were established with the secondary school of Duisburg named after H. Helmholtz and the pupils of both schools have already visited each other. Königsberg with its history and culture has revived, has become a living reality for the Russian and German children.

To the memory of Helmholtz a large article was published by me in the newspaper *Kaliningradskaja prawda* in which I endeavoured to show the role of Kantian methodology in the scientific creation. Helmholtz, as it is known, shared philosophy, methodological and gnoseological ideas of Kant and consciously and purposely used them not only in the sphere of physiology of sensual perception but also in mathematics and physics. But of course of all the events of the beginning of the 90s, the 450th jubilee of Königsberg university is the most significant.

Excursus II – in 450th jubilee of Albertina

The jubilee of Albertina was celebrated by the whole town and no less than five hundred guests from Germany and other countries. To my mind, the variety and number of festive entertainments and amusements could be compared with the 300th jubilee in 1844. The jubilee of 1944, literally a few days before the destruction of the city by the English air force and almost surrounded already by our troops, cannot serve as an example. And how they celebrated the 350th jubilee in 1894, I have no information – what on so ever. The fate of this outlying German University is unique: in the first place with respect to the valuable contribution to the world science and in the second place, in regard to the influence on the state of science, especially in the sphere of mathematics and physics, in other universities of Germany. It is noticed by historians that culture is always developing more intensively in the zones of active intercultural reciprocity. But East Prussia in particular was such a zone. By the 19th century conditions had matured: the fountain of ideas had splashed out from the depths of Albertina, which overcrowded the limited Prussian bounds and were spreading all over Germany.

Both the province and the Kaliningrad authorities at first were anxious about an opposition of the public opinion of townspeople because of the sufficiently complicated economic state, not only in Kaliningrad, but also in all of Russia, although, as it turned out, the apprehensions were groundless...

There is a psychological phenomenon named »a feast in the time of plague«. In its history Königsberg had been experiencing it many times exactly in connection with the plague, though it can be provoked by a war or a mass psychosis. The phenomenon about which I am now exposing is of different nature: it is constructive. The general revival of interest in culture, the cultural raising takes place at the moment of economic and other social difficulties, when society does not fall into despair and only lives by hope. The spiritual forces are drawn from the culture and only they – the spiritual forces – are needed to overcome the difficulties. Since in such conditions persistence and patience are needed, a festival gives discharge and forces for the future struggle. This phenomenon has not yet received its name and it is a pity. It must be taken into account by the society. I should call this phenomenon »bottom-of-barrel reserve«.

Duke Albrecht had opened the university on the 17th of August 1544. On the 17th of August 1994 a large exhibition devoted to the university's history was opened in the presence of a great number of people in the History and Art Museum. The Province Archives and the university and a row of the cultural organizations and museums of Germany (for example, the *Stiftung Gerhart-Hauptmann-Haus* from Düsseldorf and the museum *Stadt Königsberg* from Duisburg) were preparing it as well. With the help of the *Hauptmann-Haus* a beautiful catalogue of the exhibition was published, providing a notion about all the history of Königsberg university. The festival continuing almost two months had started.

Of course, the central event of the jubilee was timed to the second half of September, as the academic semester in the university begins on the 1st of September. A large scientific conference at which not only the problems of history, but also the contemporary state of the wide sphere of scientific questions were discussed, took place. Besides solemn speeches and plenary reports the sectional meetings were held at all eleven faculties of the university. I myself made the plenary report: *Philosophy in Königsberg university and the contemporary problems of philosophy*. The president of the *International Kant Society* was Prof. Rudolf Malter, whom after years of correspondence, I finally had the luck to meet. The unjustified, early decease of this marvellous man was perceived by all who knew him and had worked with him, and the Kantforschers of the world experienced his passing as a painful personal bereavement. He was extraordinarily simple in contacts, laconic, but I was feeling, being far from Mainz in Kaliningrad, that in his heart some fraction was living for me. The most important and interesting editions about Kant with necessary information were coming from him without any request on my part. That was alike with all his friends.

Of course such conference does not give, as a rule, concrete scientific results, but they let the scientists orientate themselves in the general state of affairs, establish informal contacts.

On jubilee days in the Kaliningrad Arts gallery two interesting exhibitions took place. The first one has become a traditional bienniale of easel drawing.

Owing to the bienniale, Kaliningrad has become one of basic centres of drawing arts in Russia, attracting artists from neighbouring countries. This time the exhibition of Lovis Corinth prize laureates Winfred Gaul, Sabine Hoffmann and Katalin Moldway was a part of the biennale. The German Union of Artists (*Die Künstlergilde*) presented them the prizes within the walls of the Kaliningrad Arts gallery, in the town where Lovis Corinth has become an artist. Opening this ceremonial act, Bundesminister of the Interior Manfred Kanther said: »Let me express a hope the handling of Lovis Corinth prize in Kaliningrad give a stimulus to the intimacy between artists from Russia and the FRG and with them – our nations too«. I should say that not only the presenting of awards but also the exchange of exhibitions, joint exhibition of artists, combined activity of people serve both acquaintance and friendly rapproachment of artists and nations.

In this sense the second exhibition which was named *Kaliningradian and Königsbergian artists honour Kant* was unusually interesting. This was the joint exhibition of 8 German artists originally from Königsberg and more than 40 artists from Kaliningrad. In the diversest technique and stylistic manner the artists have expressed their comprehension and attitude to philosophical ideas of the greatest Königsbergian sage. There were here a grotesque, admiration, attempts to find a contemporary artistic language adequate to the language of transcendental idealism. The tendency of modern fine arts to abstraction has found here a really deserving object. To my regret, there were no portrait works worthy of comparison with Becker, Debler or H. Wolff. Only the miniature of the subtlest engrave master N. Batakow was an exception.

And at the very end of the jubilee one more, absolutely new for the town, exhibition of the arts, *Perforatio Kanta,* in the History and Art Museum was opened. The works were rich with fantasy and invention, witty, ironical and serious and were flown here from all parts of the world. To organize an exposition of such works of Arts was far from being easy but the organizers themselves showed their wit and did their best.

Königsberg, of course, cannot be compared to Vienna, but it was a musical town too, moreover, in Albertina there was an active musical society, the *Collegium musicum*. In Kaliningrad musical life develops very actively, so the lovers of music were not bored at the jubilee. The musical programme of the jubilee festival of arts was various and interesting. The Kaliningrad symphony orchestra created by conductor and composer A.A. Feldmann gave some brilliant concerts. The hall of Drama theatre was always packed to overflowing and the audience had given enthusiastic reception to the execution of L. Jadow's orchestra miniatures, the concertos for the piano with orchestra by S. Rachmaninow and Brahms, symphony N1 by W. Kalinnikow, a number of symphonies by D. Shostakowich, Wagner's ouvertures etc... .Kaliningradian organist and composer W. Wasiljew had written especially for the jubilee the oratorio devoted to the history of Albertina that was performed with great success in the hall of the Kaliningrad Philharmonic Society. At the end, the audience sang together with the choir. Listeners were moved to tears by the concert of the composite brass band including pupils of Kaliningrad musical schools and musical-schools from Germany. Grey with age, alumni of Albertina remembered similar concerts of the time of their youth in the Tiergarten park or on the skating-rink near the castle.

To my regret, we failed to organize the performance of the symphony with choir and soloists *Apocalypse* (to the words of evangelist John) written by the president of Russian corporation of organists Wladimir Janchenko. He has devoted the symphony to the fate of Albertina and wanted to perform it in the hall of the Cathedral. Later the symphony was performed in Moskow and Minsk with great success.

There were a lot of different state receptions and meetings, flowers and speeches, but still more friendly contacts, acquaintances, business agreements.
– Perhaps this is the effect of such events as the jubilee of Königsberg university, but the number of people carried by the idea of the study of the past and the town and all the land, increased and the events of cultural life are beginning to be marked with greater scope. The young people, schoolchildren and students, take part in them more actively. A special department of »History of the Kaliningrad Region« which studies the history of Königsberg and Prussia was created and the specialist in Prussian archeology, Dr.W. Suworow, has become the head. The cultural societies of Agnes Miegel, E.T.A. Hoffmann, J.W. Goethe were established and are working now. The volume of Königsbergian poets from the baroque epoch to the present was published in the translation by Sem Simkin, the poet from Kaliningrad.

Of the great events I'll mark the 150th jubilee of the Königsberg Academy of Arts in 1995 in the organization of which the director of the Kaliningrad Art gallery, W. Kotsbenkowa, has played a great role. The holiday started with the opening of the memorial plaque on the former building of the Academy. In the *German-Russian House* the scientific conference gathered art critics from Russia, Poland, Germany and Lithuania working together for 2 days. A lot of the facts and events of the Academy history were analyzed in reports. Unfortunately, there was no special lecture about such a prominent person as Ernst August Hagen, the organizer of the Department of Art history at the university, the creator of the Prussian museum and Königsberg Art Academy itself, the professor of which he had also become. He was also a writer who greatly influenced the literary life of Königsberg. The opening of the exhibition of the works of the former Academy student, the beautiful artist-expressionist Ernst Mollenhauer was the best characteristics of successes of the Academy. Having organized the settlement of artists in Nidden on the Kurische Nehrung, he has glorified this unique spot of land, clutched on both sides by the sea, in his works. The strong breeze prevails here, almost always forming an indissoluble whole with the violent sun, the yellow-white sand of the dunes, the tops of the pines and the boundless infinite of colours of the sea. Only in the manner of expressionism can it be approximated to the conveyance of that feeling which seizes here a man sensitive to beauty.

At the same time there was a unique exhibition of the works by Käthe Kollwitz, devoted to the fiftieth anniversary of the artist's death. At the exhibition, besides engravings, there were the sculptures which had never been exhibited in museums in other countries. On one hand the bicentennial jubilee of Fr.W. Bessel (1984) was held in the narrow academic circle – in 1996, the 150th anniversary of the scientist's death was widely observed – on the other hand, a town science conference for schoolchildren, and an olympiad on physics, mathematics and astronomy with awards for winners, and a meeting of public in the *Deutsch-Russisches Haus* where professor K. Lawrinowich gave a lecture. And in conclusion Bessel's bust, created by the means of the descendants of K.G. Hagen and Fr. Noimann (both families are the descendants of Bessel himself), was placed in university's building.

The same happened in the days of the 220th birthday of E.T.A. Hoffmann. The concerts of the Music E.T.A. Hoffmann's school and Kaliningrad musical college, the exhibition of book illustrations to the works by Hoffmann and Oscar Wilde by I. Isajew, a scientific conference of specialists in literature and schoolchildren, were held.

It is also worthy to mark one of the latest events – this is a concert of the Kaliningrad symphony orchestra (the conductor A. Feldmann) and the Kaliningrad Chamber choir, the laureate of the European competition of chamber choirs in Budapest (1995; 1st prize; choir-master: G. Makejewa), in the hall of the Cathedral. The first performance of a new symphony (N9) *The Cathedral* of the composer and professor in the class of composition of Saratow conservatory Arnold Brenning and the seldom performed poem for the choir, soloist and orchestra by S. Rachmaninow *The spring* composed to the verses by the great Russian poet N.A. Nekrasow were executed. The concert was philantropic, all takings from it were used for the reconstruction of the Cathedral executed by a specially formed state firm »The Cathedral« and headed by the director I. Odinzow. The hall of the Cathedral was used not for the first time: there was a ceremonial public prayer, for example, during the days of the university jubilee, since the Cathedral was at that time the university church; but then the Cathedral towers had not yet been restored, the windows had not been fixed and the floor not covered by a special »plinthos«. This time the Cathedral itself and Kant's portico (the second part of the symphony – andante – has the name *At Kant's grave*), the spring evening sky in cumuli, the orchestra, and the people charmed by the music, – all was in harmony.

Excursus III – at the beginning of the tradition

The council of cultural societies of Kaliningrad has been awarding a Kant prime for two years already for the contribution in the town's culture during the past *Kant years*, i.e. from the 22nd of April, the birthday of the Königsbergian genius, to the next birthday. Three equivalent diplomata are presented every year. The laureates are announced on the philosopher's birthday during the ceremony of laying flowers at his memorial portico.

In 1995 the laureates were G. Makejewa, the choir-master of the Kaliningrad Chamber choir, for the first performance in Kaliningrad history of H. Purcell's opera *Didona and Aney* by Kaliningrad musicians and for the execution of the »gold programme« of Budapest competition; Prof.K. Lawrinowich for the book *Albertina* and the artist I. Isajew – for the design and illustration of the book by E.T.A.Hoffmann published by the publishing-house *Jantarny skaz*.

In 1996 the Kant diploma was presented to the conductor of the Kaliningrad symphony orchestra, A. Feldmann, for the concert programme of the year and, especially, for the execution of the E.T.A. Hoffmann's symphony and the *Scotland symphony* by F. Mendelssohn-Bartholdy. For the setting of the tower's clock on the Cathedral tower and the system of bells, chiming the quarters and the hours, the second diploma was delivered to the director of the firm *The Cathedral* I. Odintsow. And the third diploma was given to the telejournalist W. Janke for the cycle of acute publicistic programmes of telebroadcasting company *Jantar* about the role of Kaliningrad region in cultural and economic relations between Russia and Europe.

Through their activity the laureates of the *Kant diploma* must further strengthen the friendship and mutual understanding between nations. In order to achieve this one must promote the development of his own culture, making it more attractive for other people, and cultural contacts – mutually beneficial.

The turning of attention to the Königsbergian culture and a better acquaintance with it have provoked an interest in the native culture and history. This, of course, is only one of the motives of such process. A new situation in Russia is important after the disintegration of the Soviet Union. It calls for the comprehension of new conditions, the reappraisal of values and the change of the whole life style. For Kaliningrad, which is now in an isolated position, the new reality is especially acute. Pushkin's festival of poetry is becoming a tradition. The Dostojewsky society is working very actively. The festivals of music devoted to S. Rachmaninow, D. Shostakowich, G. Swiridow are held. For the past years the town has been decorated by the monuments of A.S. Pushkin and M.I. Kutusow, created by the sculptor from St. Petersburg Michael Anikushin. The Drama theatre stages the plays by A. Ostrowsky, Anton Tchechow – a repertoire of the Russian classics.

These episodes are exciting a particular interest where the Russian history and culture and the culture and history of Prussia have been brought together. These are Andrej Bolotow, the governor-general of Königsberg and the father of the well-known Russian generalissimo Alexandr W. Suworow, and Peter I, and N. Karamsin ... The collaboration has always been exceptionally fruitful.

In isolation, every culture fenced off by a high wall, like the Berlin one, begins to slow down its advance. The principle of entropy increases, generalized by synergetics, indicates that only an open system, which interacts actively with the medium, can develop. Even Russia, this great continent with the deepest and mighty historical roots, in relative self-isolation from the world in the 20th century, has shown that the principle is true with it, too. And in the sphere of the spirit the general principles of the system organization are functioning. Only the culture which impregnates itself with the accomplishments that there are in other cultures and with willingness shares its own achievements with its surroundings, has the future. The rule of Kant is immortal: »Handle nur nach derjenigen Maxime, durch die du zugleich wollen kannst, daß sie ein allgemeines Gesetz werde«. If you want to develop your own culture, look for the universal, or able to become such, in other cultures and introduce it into your own. The culture of Königsberg is inexhaustible. Kaliningrad has touched only on the most visible trait of it.

3. KANT AND THE XXIST CENTURY

I. Kant occupies absolutely exceptional place in the history of European philosophy of New Time (XVII-XVIII centuries), and the end of the XX-th century shows that and there an importance of Kant and his ideas did not in the least relax. With the great pleasure I am subscribing to that conclusion which the great Russian philosopher of century's boundary Wl. Solowjev has done : the phenomenon of Kant divides all history of the world philosophy into the pre-critical (pre-Kantian) and post-critical (post-Kantian) periods ; and the other Russian philosopher and philologist-classic I. E. Golosowker has compared Kant with a bridge , over which every present thinker is obliged to go whatever problems he decides. I regard sceptically to the Hegelian thought that the last in time philosopher, as the last in time poet, turns out higher than a predecessor is able to scramble upon his shoulders. At first far from everybody succeed in rising and standing on shoulders and at second both in philosophy and in arts there are colossi more higher Everest Mount , and one can not see rock-climbers gifted for such ascent among the livings. Kant is just that colossus. From pre-Kantian era the transzendental idealism could be compared only with Plato-Aristotelian system which had served to European mankind from the IV century B.C. to the XVI century A.D.. There has not been philosopher during all this great thickness of time in two thousand years who would capable to substitute for Aristotle. How long will Kant be reigning ?

The European thought is indebted to Kant for an "anthropological return" that has accomplished with strict consistency and soberness of mind. Kant was not at once understood and heard. In the system of "great synthesis", deliberately asserted by him some features could attract posterior thinkers, the others - push away. And only in the XX century now coming to the end of its tragic existence a personal character of Weltanschauung of the large majority of modern philosophers was gradually intensifying and the authority of Kant was growing. It is interesting to note how the neokantianistic slogan "Backward to Kant" was transformed in the appeal "Forward to Kant" in the course of our century.

It is knowing that Kant himself have given the name of "Copernican revolution"in the philosophy to the basic methodological principle of his gnosiology. The "anthropological revolution" of Kant contents not only this one but great number of such "Copernican revolutions" from which it is made up one can consider the "Copernican revolutions" of the most or less significance as the elements and sub-elements of the general system of "Kantian anthropologic revolution".

In what is a kernel of the "Kantian revolution"?

Kant placed in the center of world a man ,a separately taken person, of course, meaning that an empirical subject is at the same time the transzendental and even transzendent one: a man does not depend on the world but the world depends from a man. It is impossible to understand the man seeing in him an effect of the world cause, but one can understand the world seeing in it an effect of the man's effect. The beginnings and the ends of existence are in the man.

If a schematicly expressed pre-Kantian Weltanschauung has compared with the Kantian one the picture will be looking so (relations of an outcome and forming (the relations of determinism) is designated with the symbol of implication here) :

    Pre-Kantian Weltanschauung   Kantian Weltanschauung

World		World
Nature		Nature
God		God
(Religion, Church) → Man	Man →	(Religion, Church)
Society		Society
(Gens, community)		(Gens, community)
State		State

No one of post-Kantian thinkers have expressed with such strict sequence the anthropologic ideas in their philosophy systems. As a rule, the God has a special place, the world was divided into the naturans (creating) and naturata (was created) parts and a man was admitted by depending from the God which gave him a possibility to be the creative force (creator) in the created world.

Or schematic:

$$\text{The God} \to \text{The Man} \to \begin{matrix}\text{Nature}\\ \text{Society}\\ \text{State}\end{matrix}$$

The systems of M. Scheler, A. Gehlen, H. Plessner etc. are such examples.

The anthropological system, the system of transzendental idealism, as Kant himself has been calling it, has inexhaustible heuristic possibilities. It looks as scholastic- abstract one by the first acquaintance with it but the more one is absorbing in the subject the fuller its pragmatic possibilities are opening. The same important problems of the modern mankind were foreknown by Kant from his the XVIII century, as it turned out.

Accordance with Kant a man-person is for himself the ultimate end. He can never and no conditions be only means but always and the first of all be an end. His philosophy of history contents the law of the history's personalisation, the law of increasing of a person's role in the history progress. To secure a constant growth of person's freedom and person's creative power is the task of the history. Kant has seen the essence of man in the "unsocial socialness ("ungesellige geselligkeit") and connected the future with a development of the contradictory quality. >From Kant's point of view the society must trouble about the expansion of limits of "unsocialness", i.e. freedom of persons, and their development and the persons themselves must care of a broadening and perfecting of "socialness" longing for the supreme welfare.

What can we have seen through this Kant's idea in the history of the XX century? Only so that totalitarian state structures (such ones as the Germany national socialism, the Russian communism or the Japanese militarism) are a striving of a limited part of society for the using of the socialness of people without due regard for person's interests , i.e. without due regard for "unsocialness" as an aspiration for individual characteristics. Such politics is doomed to failure.

The second part of the past age shows the great importance of the aspiration
for individual characteristics.

What are the nearest consequences of this process? What are waiting us in the XXI century?

1. The continuation of individuation of man's existence, including the production individuation but not only a mode of life one; the growing of division of the society on social atoms, the growth of significance of family.

2. The development of process which leads to an overcoming of differences between the social production and the private mode of life. Such absence of differences between the social production and the private family life, peculiar now in the main to persons of creative professions, passes on new and new kinds of activities.

The number of such professions will be increasing. The productions will be transferring in the private family life as it has been at the middle ages with guild artisans. In that case the remote control of the production processes from family houses would has place.

3. The increase of role and place of creation in all spheres of man activity: even more rapid innovation in all walks of life, non-traditionalism.

All this three points are the manifestation of the "unsocialness" of the human nature. The forth point is reveal of the human "socialness" and it consists in the transfer of the "socialness" to the sphere of specific passions, interests, hobbies of persons. There will be globalisation of contacts (expansion of personal contacts in the global scale) on the basis such interests in all more Broad seals. It will be increasing the importance of different unions, societies, clubs, salons, etc. (is not our private visit to Mr. And Mrs. Itao and your meeting with me the form of this process?) But of course the principal significance concerning other people has a creative activity of every person.

The essential problem is arising under circumstances of the crisis of the traditional style of behavior, customs, habits and standard rites with one hand and, with the other hand in the conditions of the sharp growth of possibilities about separatly taken person and the increase of peoples interdependency from the conduct one to another, when it depends to a very large extent on the every ill-considered step, carelessness, embarassment etc. In the traditional society one knows as soon as he was born, haw he will have left this perishable wold. Every step here is good time predetermined, there is nothing on principle unexpected all along life. In society universal and permanent creations, in the innovative society, on the contrary, one runs the risk never to meet two identical events. Here, in such situation of the eternal exchange, all traditional ceremonies are helpless. In such situation one can't do without the absolute moral law that has power to help everywhere and always. So I think that the consciousness of every man, who will be able in this event to evaluate consequences of his action. The theory of practical reason of Kant must become by a general property form the exotic knowledge of the highly narrow circle of Kantforschers and teach in the schools.

What do the important legacy of Kant present themselves for our descendants, people of the XXIst century?

The first behest is: The nature is formed by people but not people is formed by nature; so we ourselves are responcible for its state. The great Russian scientist Wladimir Wernadsky, the founder of geochemistry, wrote in the beginning of the ended now age that mankind has turned into the main geological power, under the action of which all nature processes on the planet are proceeding now. Foreseeing our ecological difficulties Kant has formulated the maxim – categorical imperative – of our behavior with respect to the nature: "Act so as if the maxim of your action by means of your will must become the general law of nature."

The second behest is: in international affairs it is the self murder action to hope on the quantitative and qualitative development of armaments in the capacity of means to have attained freedom, sovereignty and national self-dependency. The armament has capacity to direct itself against his owner: the armament as far as development of its destructive force is becoming not less dangerous for the owner than for his neighbours. The growth of armaments can not finish anything but "the eternal peace" on the universal cemetery of mankind.

The only reasonable means of the national future and independence is the policy of attainment of the universal and eternal peace.The all-world union of nations in which every man as the citizen of his state in the same time is the citizen of all world can be the only guarantee of the disappearance of wars out of the life of humanity.

The third behest: The policy of every state must be "the moral policy" but not a "political moralism". It is in full measure concerned both the inner – and the foreign politics. Only the correspondence of the policy with the moral cathegorical imperative can be index of the moral policy: a principle of your action must be in the same time the universal law.

To regret, in the end of the XX century the political moralism is alive: such means are using which raze to the ground the aims. The events in Yugoslavia confirms this.

The firth behest: A religion must be the reasonable religion. There are many the historical believes but there is only one God. The God can not be a transzendent entity in the theoretical sense . The notion "God" has sense only in the practical sense (i.e. in the moral sense) and there it has the meaning of "Humanity" in its the greatest perfection. The anthropologic origin and sense of this concept will be clear and distinct for everybody. So sooner or later any religion will have gone to the reasonable religion and it is needed to use every possibilities of historical believes for the aim.

The fifth behest: To teach the young people not for the present time but for the future. The real world will be changing quickly than some one will be get accustomed to it. It is meaning that the main thing in the teaching and learning is theory and not facts. The methodological sciences : philosophy, logic, mathematics _ must be the basis of knowledges. Already it has been said that the theory of moral is necessary for the practical conduct.

Already now it is obvious the next century will pass under the badge of Kant. He was not impatient , he understand the history can not be in a hurry.

Prof. L.Kalinnikov, The Kaliningrad State University

鎌倉にてホームステイ(大仏)

京都・奈良・大阪へ案内
龍安寺にて

あとがき

　本書の完成には、思いのほか、時間が掛かった。そのような中、カリニコフ先生に電子メールで質問を繰り返すと、「私の資料や写真はあなたの思いのままに使用していいから、完成を目指して！」と、いつも励ましてくださった。温かく高潔な人間性をそなえたカリニコフ先生が、まるでカントその人に思えてくることが度々だった。今回、共著のご快諾をいただいたことは、言葉に尽くせぬ喜びとなった。心から感謝を申し上げます。

　半世紀前の東京女子大学哲学科の学生時代、三宅剛一編『現代哲学における人間存在の問題』(岩波書店)を読むようにと、書をお貸しくださった故村田豊文先生のお導きが、哲学者カントへの尊敬と愛着の原点となりました。また、「ぜひカント学会にお入りなさい」と勧めてくださった日本カント協会の元会長・故浜田義文先生のお導きが、人生の指針としてカントを長く学んでいきたいとの熱意につながりました。お二人の先生に深く感謝の念を捧げます。

　1999年5月のカリニコフ先生来日の折、都内4か所で講演会を開催した時、また、2002年11月に日本カント学会で発表

於　金閣寺

奈良興福寺で、修学旅行の中学生に答えるカリニコフ先生

した時、多くの方々にご指導とご配慮をいただきました。たくさんのなつかしい思い出がよみがえりますが、ここにあらためて、皆さまに心から御礼を申し上げます。

　哲学科同級生の故堀内昌子さん、余命宣告を受けながら、「心の友へ」と題した額縁入りの美しいバラの花の油絵と、幼少時からの作品を収めた画集を作成して贈ってくれましたね。お互いのライフワークを語るも実現は遅すぎましたが、「やっと拙著が陽の目を見ました！」と伝えたい。

　そもそも1994年9月、カリーニングラードの訪問がなかったなら、カリニコフ先生との出会いはなかった。当時、日本の大手旅行社は、カリーニングラードの情報は入手困難で、旅の手配は全くお手上げだった。そこで大胆にも、まったく面識がないにもかかわらず、夫の学会が開催されるポーランドのグダニスク工科大学の教授に通訳ガイドの依頼をしたところ、親切にも准教授・グレゴルジュ先生を紹介してくださったのである。また、1999年5月、カリニコフ先生を日本に招聘する際、外務省に提出する書類は、煩雑を極めた上、保証人を要する項目が多く、私の力ではとうてい及ばなかった。にもかかわらず、これらすべてを実現できたのは、ひとえに、夫・板生清（現・東京大学名誉教授）の尽力があってのことだった。このことは特筆しておかなければならない。

最後に、本書の作成に当たり、660枚の写真の整理と現地の地図の作成は、PCに長けた若き五関麻由美さんに大いに助けられた。ほんとうにありがとうございました。
　大学の先輩で、株式会社・銀の鈴社の編集長、＜万葉野の花＞作家で著名な阿見みどり様（本名・柴崎俊子様）、ご長女で代表取締役社長・西野真由美様に、ひとかたならぬお世話になりました。心から感謝を申し上げます。ほんとうに有り難うございました。

2017年春　板生郁衣

著者　L. A. カリニコフ（本文70頁）
著者　板生郁衣（いたお　いくえ）(旧姓：大峯)
　　　1946年　東京生、茨城県ひたちなか市にて成育
　　　1969年　東京女子大学哲学科卒
　　　卒業論文「カントの倫理学——自由の概念について——」
　　　2005年～2008年　東京女子大学大学院修了
　　　修士論文「カント哲学における科学の問題」
　　　2009年　東京女子大学大学院　研究生在籍
　　　小論「定言命法の今日的意義について」
職歴
　　　1987年　塾・高校英語講師～2006年　定年退職
　　　現在　　メンタルケア心理士
　　　　　　　公益財団法人　評議員

　　　　　　　日本カント協会（学会）正会員
　　　　　　　人間情報学会　正会員
　　　　　　　科学技術情報誌『ネイチャーインタフェイス』に哲学エッセイ連載
　　　著書　　『ぼくはボストン生まれ』（青山第一出版1982年）朝日新聞にて紹介
　　　　　　　『科学の芽は台所から』（朱鳥社1999年）

東京女子大学学報　第53巻・通巻545号掲載

```
NDC133・916
神奈川  銀の鈴社  2017
188頁 18.6cm（哲学ルポ  カントは今、ロシアに生きる）
```

銀鈴叢書　　　　　　　　　　2017年4月10日初版発行
　　　　　　　　　　　　　　　　本体2,800円＋税

哲学ルポ　カントは今、ロシアに生きる

著　者　　板生郁衣
　　　　　L. A. カリニコフ　共著©
発行者　　柴崎聡・西野真由美
編集発行　㈱銀の鈴社 TEL 0467-61-1930 FAX 0467-61-1931
　　　　　〒248-0005　鎌倉市雪ノ下3-8-33
　　　　　http://www.ginsuzu.com
　　　　　E-mail info@ginsuzu.com

ISBN978-4-86618-006-9 C0010　　　　印　刷・電算印刷
落丁・乱丁本はおとりかえいたします。　製　本・渋谷文泉閣